정원에 대한 인문학적 사색
정원을 읽다

정원에 대한 인문학적 사색

정원을 읽다

1판 1쇄 인쇄 2024년 12월 20일
1판 1쇄 발행 2024년 12월 25일

지은이 | 권준호, 박지영
발행인 | 김병계
발행처 | 도서출판 보문당
등록 | 1990년 6월 5일(제1-1066호)
주소 | 서울시 마포구 토정로 222 한국출판콘텐츠센터 417호
전화 | 02) 704-7025
팩스 | 02) 704-2324
홈페이지 | http;//www.bomoondang.co.kr
전자우편 | bmdpub@naver.com

ⓒ 권준호·박지영, 2024

값 22,000 원

ISBN 978-89-8413-250-4 (03810)

※ 파본이나 잘못된 책은 구입하신 서점에서 교환해 드립니다.
※ 이 책은 저작권법에 의해 보호를 받는 저작물이므로 무단전재 및
  복제를 금지하며, 이 책의 내용전부 또는 일부를 이용하려면 반드시
  저작권자와 도서출판 보문당의 서면 동의를 받아야 합니다.

정원을 읽다

정원에 대한
인문학적 사색

권준호, 박지영 지음

여는 글

좋은 정원과 뜸 들이기

　좋은 정원이란 무엇일까? 필자가 생각하는 좋은 정원의 정의란, '시간과 오감을 동원하여 사람과 자연이 서로 친밀한 사이가 될 수 있도록 독려하는 정원'이다. 사람과 자연 사이의 친밀한 애정을 통해 사람은 건강을 증진하고, 미적 즐거움을 충족한다. 그리고 애정에서 비롯되는 생태적 관심의 고취 덕분에 지속가능한발전을 실천할 수 있다.

　좋은 정원의 기준은 저마다 다르다. 정원을 조성하는 목적과 정원이 조성될 환경에 따라서 저마다 다른 조건과 우선순위를 둔다. 크게는 문화권, 지리, 기후, 식생 등의 영향을 받으며, 작게는 정원 이용자의 일과와 기호의 영향을 받는다. 이렇듯 정원은 정해진 형식이 없어 다채롭고 다의적이다. 정원을 구상한다는 것은, 다양성과 고유성을 추구하는 것이며, 장소와 식물 그리고 사람의 관계성에 대해 끊임없이 고민하는 것에서 시작된다.

　이 책에서 소개할 '정원에 대한 다양한 생각들' 역시, 고착된 조건이 아닌 유동적인 '생각할 거리'다. 필자는 조각보의 자유롭고 직관적인 조합을 떠올리며 이 책의 내용을 구성했다. 그래서 정원에 대해 고민해 보고 생각해 볼 만한 것들을 다양하게 모았다. 이 책이 누군가에게는 시집처럼, 누군가에게는 수필처럼 손쉽고 즐겁게 읽히길 바란다.

정원을 구상하고 가꾸는 많은 이들에게 생각의 물꼬를 틀어주는 것에 이 책의 목적이 있다. 정원을 만드는 것은 결국, 창조의 행위이다. 모든 창조가 그렇듯이 즐겁게 오랜 시간 동안 고민해야만 좋은 정원이 탄생한다. 즉, '뜸 들이기'가 필요하다. 이러한 뜸 들이기는 숙제가 아니라 즐거운 고민이자 놀이의 과정이다. 이 책은 '정원을 위한 뜸 들이기'에 대하여 생각할 거리를 제안한다.

제주 김영갑갤러리 두모악의 앞뜰에는 오래 묵은 돌담을
따뜻하게 덮어주는 마삭줄이 자라고 있다. 풍성하게 반짝이는
짙은 청록의 마삭줄 잎사귀 사이로 난쟁이 토우가 정원을 지킨다.
토우들은 정원에 앉아, 정원을 바라보며 정원을 사색한다.
그 끝없고 깊은 사색이 표정에 고스란히 드러난다.
우리도 이 책을 읽으며, 토우의 평온하고 깊은 표정을 따라 지어보자.

정원을
보여주는 여행

정원을 사랑하는 정원가로서 필자는 시간이 허락할 때마다 정원 여행을 떠나곤 한다. 필자의 정원기행은 아름다운 우리나라의 정원을 두 발로 걸으며 오감으로 느껴보고 싶다는 순수한 꿈의 실천으로 진행됐다. 그렇게 정원을 찾아가는 여행을 이어가다가 문득, 정원의 아름다움을 널리 알리고 싶다는 생각이 들었다. 이에 필자의 정원기행은 정원을 사랑하는 많은 이들에게 우리 정원의 아름다움을 보여주기 위한 여행으로 변화하게 되었으며, 그 여정의 감상이 사진과 글로 정리된 것이 바로 이 책이다.

공부를 위해 홀로 떠난 여행은 많은 사진작가님과 교류하고 소통하는 여행으로 바뀌었다. 좁게는 정원과 공원을, 넓게는 명승지와 유적지를 찾아다녔으며, 미술관과 박물관도 방문했다. 정원을 알리는 사진가가 흔치 않았기에, 모종의 자부심과 책임감을 느끼고 땀 흘려 발품 팔아 사진을 찍었다. 자가용이 없어 새벽같이 일어나 열차를 타고 자전거를 빌려 여행했고, 카메라가 없어 스마트폰으로 촬영했다. 잘 알려지지 않은 정원의 비밀스러운 이야기들을 전달하고자 나무와 돌의 표정을 읽었고, 찬란한 계절과 시간의 생경함을 담고자 구름이 그린 빛과 나무가 그린 그림자를 쫓았다.

그렇게 두 발로 얻은 이야기를 정제하여 글로는 정원의 서사를 들려주었고, 사진으로는 정원의 영원한 찰나를 포착했다. 시간이 지남에 따른 찰나의 변화를 살펴보기 위하여 시간대별, 계절별로 같은 장소의 정원을 여러 번 방문하여 다양

한 인상의 정원을 담고자 노력하였으며, 자연의 변화에 따라 정원의 인상이 바뀌는 과정을 살펴볼 수 있었다.

앞으로도 쭉 이어질 정원기행의 중간에 서서 이 책을 쓰며, 지금까지 보고 배운 것을 정리하고 추억을 회고한다. 그리고 앞으로의 새로운 여행을 다짐하는 기회로 삼고자 한다. 이 책은 정원을 구상하고 가꾸는 것에 대한 필자의 생각과 조언을 담은 <정원에 대한 생각>, <좋은 정원에 대한 제안>, <좋은 정원에 대한 영감 찾기>, <요즘 정원> 편으로 구성되었다.

이 책이 정원을 구상하고, 가꾸고, 사랑하는 모든 이들에게 자그마한 도움이 될 수 있기를 희망한다.

필자의 여행은 도시와 자연, 숲과 마을, 강과 바다를 연속적 경관으로 이해하는 과정이 되었다. 그 정점은, 수원화성 동북포루에서 명확해졌다. 도시와 자연, 공원과 사람, 문화유산과 현대문명이 시대와 공간을 초월하여 함께 어우러진 경관을 보며 여행길의 정점에 다다르게 되었다.

추천글

자연 속 정원,
정원 속 자연,
자연에서 느끼는 아름다움,
자연을 닮은 정원의 아름다움.

자연을 사랑하고,
자연에 순응하며,
자연과 함께하는 삶을 추구한 우리에게
정원은
늘 곁에 있고,
늘 바라보고,
늘 이용하는 삶의 터전이요, 마음의 안식처다.

누구나 집 주변에 한 포기의 풀, 한 그루의 나무를 곁에 두고 가꾸며 행복을 느끼지만, 이것이 정원이라고 인식하진 못했다. 모두 이를 내 삶의 일부인 것처럼 당연시했다. 그러면서 자연에서 보고 배운 그대로 아름다움을 표현하고 있었다. 즉 자연미의 연출, 예술성을 인정받을 만한 작품을 만들어 내고 있었다. 그러나 최근 정원이 세간의 관심 대상으로 떠오르고 정원 감상, 정원 만들기, 정원 가꾸기가 보편화되면서 늘 생각하고 접하고 함께하던 대상에 어려움을 느끼고 다가가기를 머뭇거리고 있다.

이런 시점에 저자는 머뭇거리는 독자들에게 용기를 불어넣을 수 있도록 아주 쉽고 편하게 정원을 설명하고 있다. 특히 저자가 오랜 기간 경험한 정원의 사진과 함께 본인의 생각을 전하고 있어 마치 한 권의 수필을 대하듯 쉽게 정원에 다가갈 수 있게 길을 안내하고 있으며, 정원 바라보기, 정원 만들기, 정원 가꾸기의 모든 과정을 체계적으로 서술하여 전문적 지식을 전달하고 있다. 자연을 사랑하고, 정원을 가까이하고 싶어 하는 남녀노소 모든 이들에게 이 책을 적극 추천하고 싶다.

국토공간발전연구원 연구원장 **서 주 환**

추천글

정원이 주목받는 시대이다. 정원 관련 책이 서점의 중심을 차지하고 있고, 다양한 정원 관련 다큐멘터리가 방영되고 있다. 문화예술 분야에서도 식물과 정원에 관련된 주제로 각종 전시회가 열리고 있다. 여러 도시도 앞다투어 정원 박람회를 개최하고 있으며, 전국적으로 가볼 만한 수목원과 정원이 많이 생겨나고 있다. 정원을 실제 가꾸고자 하는 사람도 늘어나고 있다. 코로나19 이후 이러한 현상이 두드러지고 있다. 정원을 통하여 몸과 마음의 치유를 원하는 사람의 수요가 늘어났다는 것을 의미한다.

식물과 정원에 가까워지는 첫걸음은 주변 공간과 식물에 주목하는 것이다. 누구나 개인의 체험 속에 자리를 잡은 장소와 그 자리와 함께하던 꽃과 나무는 생생히 기억한다. 정원은 저 멀리 있는 것이 아니다. 아파트 베란다, 마을 길 화단, 동네 인근 산속 숲에 있다. 냄새 맡고 만지며 몸으로 경험하다 보면 그 장소는 나만의 정원이 되기도 한다. 이른 봄 숲속에 살며시 핀 생강나무 향을 맡다 보면 나만의 숲 정원을 가지게 된다.

정원 공부의 시작은 무슨 식물이 어느 계절에, 어떠한 공간에 피고 있는지를 알아가는 것이다. 권준호와 박지영의 『정원을 읽다』는 정원 공부를 하는 이들에게 좋은 안내서가 될 것이다. 무심히 스치고 지나가는 정원 공간의 특성과 식물을 자세히 알려주고 있다. 이 여정을 따라가다 보면 즐겁기도 하고 새로운 지식을 얻기도 한다. 저자가 오랫동안 답사하고, 세심히 관찰하고, 생각을 정리한 내공이 느껴진다. 좋은 정원을 '시간과 오감을 동원하여 자연과 사람이 서로 친밀한 사이가 될 수 있도록 독려하는 정원'이라고 정의하고 있다. 이 책은 각자 감각을 통하여 자연과 교감하는 방법을 안내한다. 정원을 만드는 방법과 디자인 원리도 쉽게 설명하고 있다. 식물과 정원에 관심을 두기 시작한 사람들, 정원 답사를 떠나는 사람들에게 선물하고 싶은 책이다.

서울대학교 환경대학원 교수 조 경 진

차례

여는 글

좋은 정원과 뜸 들이기   4

정원을 보여주는 여행   6

추천글

**1장
정원에 대한
생각**

정원과 장소애   16

정원과 수목성   20

1) 계절과 수목   32

2) 수목이 창출하는 빛과 공간   41

3) 수목의 조형 요소   48

4) 수목과 숲의 공동체   78

정원과 물질성   82

1) 바위와 흙, 그리고 시간   83

2) 구름과 물, 그리고 공간   84

정원을 구상하고 만들고 가꾸는 것   88

1) 정원을 구상하는 단계   89

2) 정원을 만드는 단계   92

3) 정원을 가꾸는 단계   95

2장
좋은 정원에 대한 제안

정원의 일곱 가지 기준   104

1) 고유한 장소성을 간직한   106
2) 주변과 맥락을 같이하는   109
3) 복합적 기능을 수행하는   110
4) 생태적 역할을 수행하는   112
5) 예술로서 독보성을 가진   115
6) 관람자 요구에 탄력적인   116
7) 유지관리가 쉽고 즐거운   118

생태디자인의 세 가지 원칙   122

1) 낯선 야생을 친밀하게   125
2) 멀고도 긴밀하게   126
3) 듣고 만질 수 있게   128

정원 디자인 접근법   134

1) 계획된 조형적 공간, 구축적 서사 만들기   135
   (1) 차이성의 작용 : 비형식, 비대칭, 대비, 강조   140
   (2) 유사성의 작용 : 반복, 균형, 조화   148
   (3) 동일성의 작용 : 통일, 대칭, 율동, 동세   154

2) 우연한 유동적 시간, 탈구축적 변화 만들기   166
   (1) 직선 시간   168
   (2) 순환 시간   170
   (3) 경험과 향수로서의 시간   174

정원에서의 자연미   180

1) 삶 밖의 자연, 태고의 낯선 경외   182
2) 삶 속의 자연, 친근함과 치유   184
3) 비유법과 자연미   188

3장
좋은 정원에 대한 영감 찾기

노자와 장자, 그리고 정원　202

1) 상선약수와 정원　204
2) 소요유와 정원　212

들뢰즈와 데리다, 그리고 정원　218

1) 리좀구조와 정원　220
2) 시간적 공간내기, 차연과 정원　227

4장
요즘 정원

**제주의 정원,
베케정원과 한형수정원이 시사하는 것**　244

1) 치열한 삶의 흔적이 정원이 되기까지,
   베케정원　248
2) 제주의 경관이 정원에 담기기까지,
   한형수정원　260
3) 베케정원과 한형수정원이 시사하는 요즘 정원,
   '제주 정원'　287

**폐허의 정원,
선유도공원이 시사하는 정원**　288

1) 도시 폐허의 재생　290
2) 폐허의 정원화, 포스트인더스트리얼 가든　299
3) 녹색 기둥의 정원이 시사하는 요즘 정원,
   '재생'　309

| 닫는 글 | 정원애, 정원에 대한 애착심 | 316 |

| 부록 | 좋은 정원가의 60가지 기준 | 320 |
| | 참고문헌 | 328 |

1장
정원에 대한 생각

좋은 정원을 만들기 위한 뜸 들이기를 해보자.

1장에서는,
좋은 정원을 고민하고, 좋은 정원가의 태도를 제안한다. 공간과 장소, 장소성과 장소애를 살펴보고, 정원에서 나무의 역할과 수목성에 대해 고민해 본다. 그리고 정원을 구상하고, 만들고, 가꾸는 과정에 대해 생각해 본다.

서촌에서 인왕산 가는 길목에 있는 옥인동 박노수미술관 정원의 가을 아침 풍경이다.
박노수 화백의 손때가 가득한 정원은 다양한 골동품과 수반이 나열되어 있어
작은 박물관에 온 듯하다. 정원은 사람과 시간이 빚어낸 공간과 같아서,
누군가의 정원을 들여다보는 것은 정원 주인의 자서전을 읽는 것과 같다.

정원에 대한 생각

정원과 장소애

'정원을 만든다'는 곧, '사람과 자연의 관계를 만드는 것'이다. 조금 더 친절하게 설명하자면, '사람과 자연이 즐겁게 교감하는 장소를 만드는 것'이다. 그래서 정원은 '장소'로 환원될 수 있다. 정원의 물리적 기반이자 지각되는 기본 단위가 장소이기 때문이다. 여기서 장소란, 사람이 삶을 영위하는 장이다. 그리고 정원이라는 장소는 우리의 일상에 놓인 다양한 장소 중에서 유독 특별한 장소이다.

정원은 '사람이 편안하고 즐겁게 자연과 교감할 수 있도록 마련된 장소'이다. 정원에서 우리는 계절을 만지고, 시간의 흐름을 바라보며, 공감각적 심상을 체험할 수 있다. 꽃과 나무, 바위와 계곡, 들판과 하늘은 그날 날씨와 계절을 보여준다. 정원은 우리가 다양한 동식물과 함께 높은 하늘과 넓은 땅 사이에 살아있음을 일깨워준다. 때때로 우리는 정원에서 위로받고 영감을 얻어간다. 정원에서 자연을 만지고 친구와 이야기하며 활기를 얻는다. 정원은 정교한 풍경화나 창밖의 풍경이 아니다. 사람과 자연이 마주하고 서로 맞닥뜨리는 생생한 '삶의 터전'이다.

정원의 어원은 중국 후한 시대 허신許愼이 만든 문자해설서 『설문해자說文解字』에서 의미를 찾아볼 수 있는데, 그 풀이는 다음과 같다. '과일과 채소를 심는 장소이며 그리하여 경계와 울타리가 있는 곳'. 그리고 Garden의 어원은 해브라이어로 울타리를 의미하는 'gan'과 즐거움을 의미하는 'oden'의 합성어다.

즉, 정원의 오래된 의미는 '울타리를 두른 유용하고 즐거운 장소' 정도로 정리해 볼 수 있다.

정원을 통해 사람은 삶의 외연을 자연까지 확장하고 자연은 사람의 일상에 친근하게 동화한다. 사람과 자연의 경계면이 겹치고 서로 덧씌어진다. 정원에서 겪는 이러한 경험을 통해 사람은 자연과 더불어 사는 법을 배우고, 건강하고 아름다운 삶을 영위할 수 있다. 정원은 사람이 만들지만, 사람과 자연의 평등하고 조화로운 관계를 정립한다.

앞서 살펴본 정원만의 특별한 특성을 발현하기 위해서는 '장소'에 집중해야 한다. 장소는 공간과 다르다. 괴테Goethe는 공간과 장소의 차이를 다음과 같이 표현했다.

"밭도 나무도 정원도 내게는 그저 하나의 공간이었다.
내가 가장 사랑하는 당신이 그것을 장소로 바꾸기까지는"

좋은 정원가는,
사람의 추억과 애정이 촘촘히 쌓여야만
공간이 비로소 정원이라는 장소로
발할 수 있다는 것을 잘 알고 있다.

다소곳한 담팔수가 있는 들판은 제주도 저지예술인마을 한복판에 있는
제주도립 김창열미술관의 정원이다. 언뜻 보면 숲과도 같은
자연스럽고 은은한 공간인데, 노란 의자 두 쌍이 있음으로써 정원이 되었다.
정원과 정원 아님의 경계란 이런 것이 아닐까.

괴테의 말처럼, 특정한 가치가 부여되면 공간은 장소가 된다. 안정과 정착, 고유성과 내밀함, 추억과 애착은 장소가 지닌 특성이자 본성이다. 이 중에서 특히 '애착'이 중요하다. 삶 속에는 다양한 장소가 존재하지만, 정원으로서 추구해야 할 가장 중요한 장소성은 단연코 '애정이 깃든 장소'이다. 이푸 투안Yi-Fu Tuan은 장소에 대한 애정을 '장소애'라고 표현했다.

정원가는 공간에 잠재된 장소성을 드러내고 사람의 발길이 닿는 정원을 만든다. 그렇게 정원에 사람들의 추억이 누적되면 장소애가 발현된다. 방문하고 싶고 사랑받는 정원이 되어 간다. 여기서 '장소애를 발현하는 방법'이란, 공간이 오랜 시간 품어온 내밀한 이야기를 흥미롭게 풀어냄으로써 결국, 정원가는 '고고학자'이며 애정을 만들어내는 '낭만주의자'이다.

정원가는 흙과 지형, 나무와 숲, 계곡과 연못, 잎사귀와 바람, 빗방울과 강, 딱따구리와 다람쥐가 건네는 이야기에 귀를 기울이고, 그 공간을 거쳐 온 사람들의 기억을 회고하고, 오늘 그 공간을 살아가는 사람들의 일상에 스미면서 장소성을 읽어 내리다. 하지만, 장소성은 딱딱한 글이 아니기에, 읽는다는 표현보다 '장소성이라는 향기를 맡아본다.'라는 표현이 더 좋을 것 같다.

정원가는 읽어보고 만져보고 맡아본 장소성을 기반으로, 친근함과 애정을 만들어 사람들의 마음속에 장소애가 싹틀 수 있도록 한다.

좋은 정원가는,
땅에 나무를 심음으로써
마음에 '장소애'라는 씨앗을 심는다.

정원과 수목성

정원의 주인공은 단언컨대 나무다. 굳이 건축물로 비유하자면 나무는 지면을 붙잡고 수직의 기둥을 세우며 녹색의 지붕을 만든다. 나무는 반짝이는 연록빛을 뿜어내고 시원한 청록빛의 그늘을 품어낸다. 이러한 나무는 다분히 건축적이고 구조적이다. 공간감을 구성하고 공간의 기준이 된다. 하지만, 건축 구조물과 달리 나무는 생명체이다. 그래서 공간을 구성하고 구획할 뿐 아니라, 공간의 경직된 위계를 지워내는 것 역시 나무다. 특히, 나무는 공간을 구성하는 다양한 요소의 매개자로서 상호관계성을 창출하고 '엮어짐'을 통한 '탈중심화'를 촉진한다.

언뜻 보면 가만히 뚱하게 서 있는 듯한 나무는 우리의 통념보다 수다스럽고 분주하게 움직이며, 장소에 대한 거의 모든 이야기를 들려준다. 나무는 장소감을 생성하는 중요한 요소이다. '정원을 만든다'는 곧, '공간의 주인공을 나무로 설정하여 장소를 구성하는 것'이라고 설명해도 부족함이 없다. 나무는 공간을 구성하는 요소 중에, 유일한 생명 요소이며 거의 영원하게 장소를 지킨다. 앞서 설명한 장소애와 수목성을 함께 이해하자면, '나무와 공간이 맺은 관계에서 기인하는 장소감'이 정원 특유의 장소감이라고 할 수 있다.

> 좋은 정원가는,
> 나무가 시시각각 들려주는 이야기를 가감 없이 생생하게 전달하고,
> '나무가 건네는 이야기를 통해 드러나는 장소성'을 만들고자 노력한다.

건축사가 있듯이 정원사도 있다. 필자가 가장 아끼는 정원 유산은 바로 신라의 동궁과 월지이다. 안압지라는 이름으로 잘 알려진 동궁과 월지는 정원 그 자체로 신라의 고고학적 신비를 간직한다. 현대를 살아가는 정원가들은 반드시 신라 월지의 깊은 심연에서 신라의 빛나는 역사와 향수를 현대로 길어 올리는 작업을 숙업으로 삼아야 할 것이다.

일본 정원의 원류이며 한반도 정원의 원형으로서 신라의 정원은 너무도 많은 조형적, 상징적 메시지를 품고 있다. 이 찬란하고 풍성한 유산을 재해석하는 것은 오롯이 정원가의 몫이다.

제주도 협재해변 근처 저지예술인마을 가운데 있는
제주현대미술관은 그 입구로 들어가기 위해
좁은 경사로를 지나가야 한다. 경사로 한 편은
현무암 벽돌이 아늑하게 감싸주며 다른 편에는
오래된 구실잣밤나무 한 그루가 서 있다.
구실잣밤나무는 미술관이 지어지기 오래전부터
자리를 지켜온 듯하다.
이렇듯 나무가 있음으로써 완성된 공간은
오래된 시간을 보여주고 무한한 시간을 간직한다.

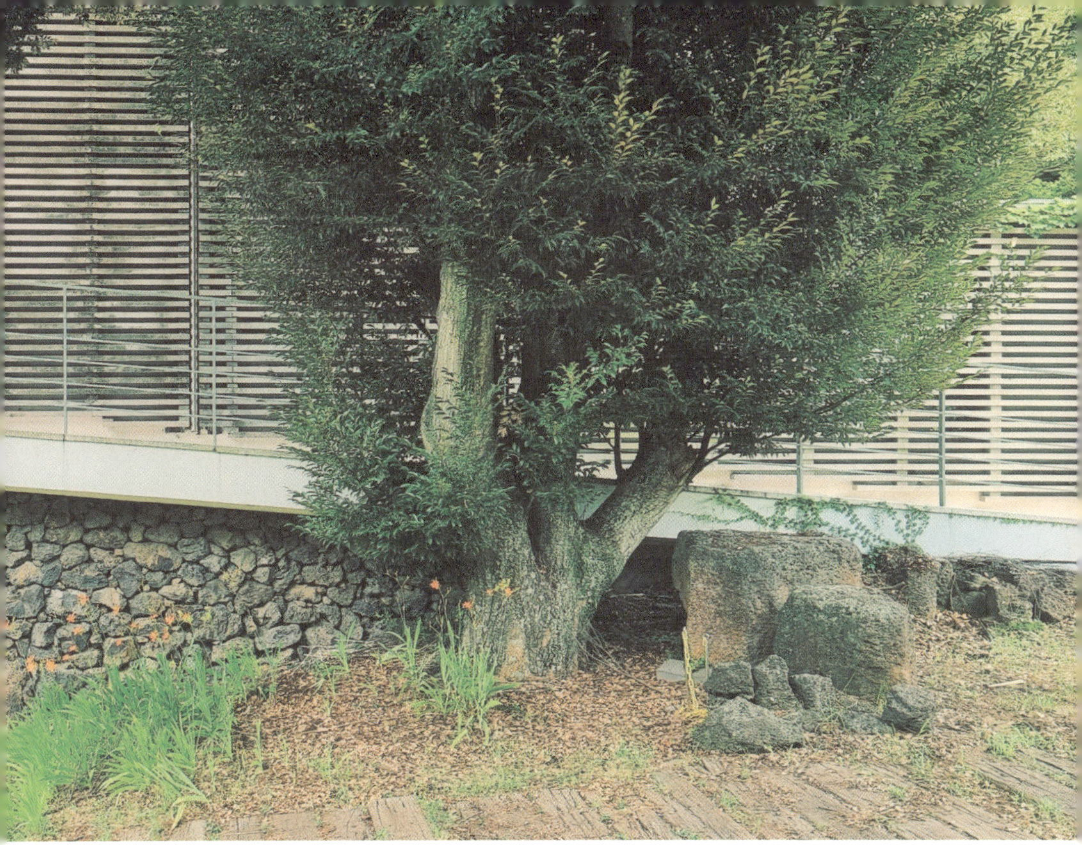

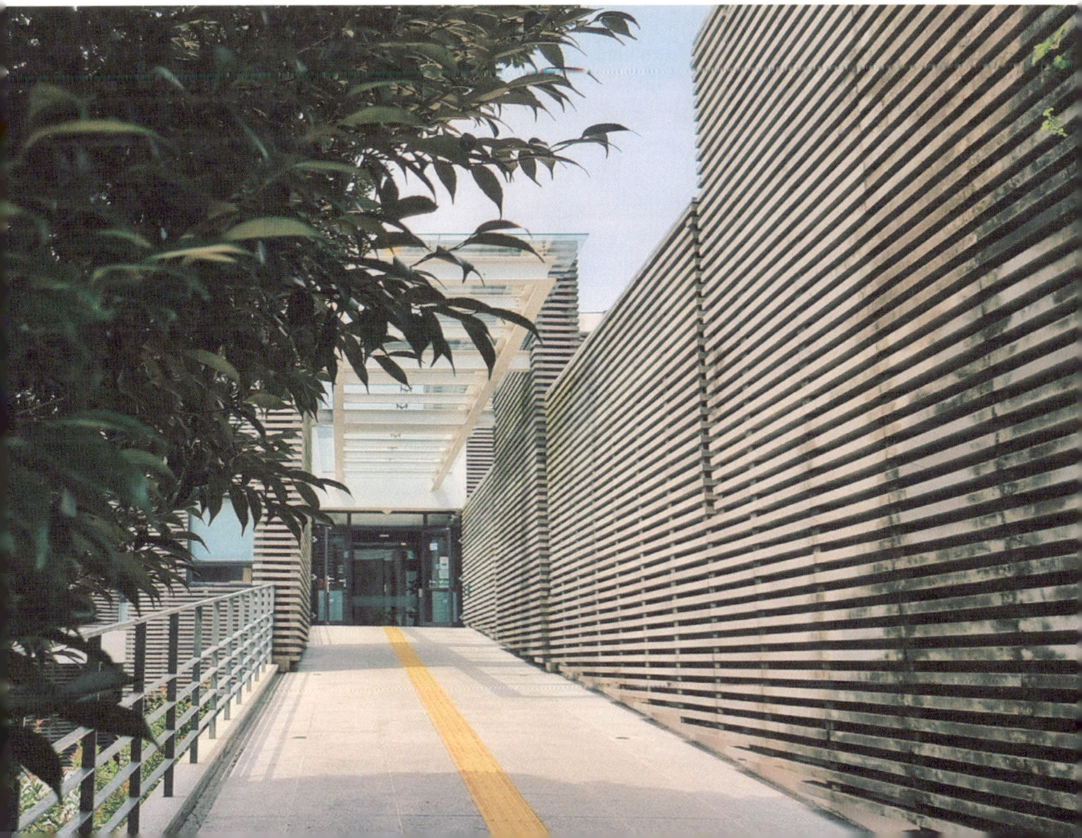

　정원은 변화한다.
　정오의 강한 햇살과 늦은 오후의 부드러운 하늘빛이 정원의 분위기를 바꾸고, 장마와 소나기가 정원의 촉감을 바꾸며, 바람은 나뭇가지를 빗겨 정원의 소리를 만든다.

동탄호수공원 습지 정원의 가을 아침 풍경이다.
가을바람이 버들가지를 살랑인다.
정원은 단 한 순간조차 정적인 순간이 없다.

계절은 또 어떠한가.
초봄에는 흙 알갱이 사이사이로 올라오는 새순의 모양새를,
늦봄에는 풍성한 만개 속의 분주한 벌의 날갯소리를,
초여름에는 장마의 아늑한 어둠과 촉촉한 빗소리를,
늦여름에는 작열하는 태양 아래 반짝이는 잎사귀와 시원한 녹음을,
초가을에는 보석 같은 결실의 신비함을,
늦가을에는 물감이 번지듯 황홀한 단풍을,
초겨울에는 고운 가짓결의 율동을,
늦겨울에는 눈으로 덮인 평화로운 고요가 사계절을 순환한다.

이러한 정원 변화의 중심에 나무가 있다. 즉, 나무와 공간이 맺은 관계에서 기인하는 정원 특유의 장소감은 '변화'이다. 나무는 시간과 계절을 온몸으로 투영하여 우리에게 오감을 일깨워주는 고마운 존재이다.

좋은 정원가는 나무가 표현하는 순환과 변화의 아름다움을 경외하며, 호소력 짙게 공간 속에 녹여내고자 한다. 강조하면, 식물을 활용하여 '변화하는 자연의 아름다움'을 전달하는 정원가의 창조적 의지에서 정원 특유의 장소감이 기인한다.

좋은 정원가는,
시간이 빚어내는 자연의
신비로운 찰나를
포착하고
연속되는 변화를
경험할 수 있는
정원을 만든다.

창덕궁 후원 관람지 서쪽 언덕 위에 자리 잡은 승재정은 사절기 변하는 숲을
향해 열려있다. 오 백년 묵은 밤나무의 단풍에 승재정의 한지 문이 붉게
물들었다. 그리고 온화한 가을 햇살이 한지 문살에 비쳐 보인다. 빛과 나무는
같은 장소일지라도 계절별로 색다른 장소감을 빚어낸다.

이날 필자는 인스타 사진작가 콘포르투님과 함께 후원을 걸었다. 승재정을
촬영하는 콘포르투님의 뒷모습을 찍어보았다. 승재정은 관람지 동편 언덕에
깊숙하게 자리 잡고 있어 잘 보이지 않고 인적이 드물다. 이러한 승재정은
높고 외딴곳에 있는 대신 숲의 단풍을 훤히 내려다볼 수 있다. 그래서 후원
관람지 권역의 숨은 명소이다. 창덕궁 후원 관람을 한다면 꼭 방문해야
할 정자이다. 여름에는 푸른 숲의 녹음을, 가을에는 울긋불긋한 단풍을,
겨울에는 관람정 연못에 비친 하늘을 볼 수 있는 매력적인 곳이다.

지금부터 변화하고 순환하는 정원의 주인공인 나무가 가진 형태적, 구조적, 특질적 아름다움을 오목조목 뜯어보자. 수목성에 대한 사유는 다음과 같은 네 가지 주제로 나눠볼 수 있다.

1) 계절과 수목
2) 수목이 창출하는 빛과 공간
3) 수목의 조형 요소
4) 수목과 숲의 공동체

<계절과 수목>에서는
수목과 순환 시간
그리고 계절이 만드는 아름다움을,

<수목이 창출하는 빛과 공간>에서는
빛을 쫓고 그림자를 드리우는
수목의 본성을,

<수목의 조형 요소>에서는
나무를 이루는 크고 작은 부위와
구조의 조형적 매력을,

<수목과 숲의 공동체>에서는
수목과 숲이 맺은 상호관계성의
신비를 다뤄보고자 한다.

제주 월령리 선인장마을의 선인장이 가득한 해변 풍경이다. 우리가 흔히 백년초라고 부르며 먹는 약효 좋은 선인장이 바로 이 선인장이다. 월령리의 백년초 선인장은 시공을 뛰어넘는 생명의 신비를 간직하고 있다. 그 이야기는 다음과 같은데, 놀랍게도 월령리의 선인장은 자신의 힘만으로 멕시코에서 제주도까지 태평양을 건너왔다고 한다.

사람의 손길 없이 스스로 자기 종자를 퍼뜨린 결과라니 더더욱 믿기지 않는다. 작고 여린 식물의 씨앗이 해류를 타고 제주도에 닿기까지 얼마나 길고 험난한 여정이었을까. 하물며 멕시코의 사막과 유사한 풍토의 땅을 찾아 우연히 발아되어 정착하기까지 얼마나 희박한 확률이 이어졌을까. 자연의 신비라고밖에는 서술할 수 없는 기적의 해변, 월령리 선인장마을의 선인장 해변이다.

1) 계절과 수목

나무는 계절과 사람 사이의 주된 오감 매개이다. 나무를 통해 사람은 계절을 생생하게 지각한다. 순환 시간으로서 계절은 나무의 생리적이고 미적인 변화를 일으킨다. 본 단락에서는 나무가 자기 몸으로 전달하는 봄부터 겨울까지의 변화를 소개한다.

춥고 길었던 겨울이 갓 끝난 설레는 초봄,
얼고 녹기를 반복하며 부풀고 헐거워진 흙의 틈 사이로 여리고 하얀 새 뿌리를 뻗는 초봄의 나무는 촉촉하게 풀어진 땅의 수분을 가지 끝까지 끌어 올리고, 겨우내 눈보라에서 새순을 지켜준 갑옷과도 같은 겨울눈의 단단한 틈을 조심스레 벌려, 눈 속에 숨겨둔 새순을 통통하게 살찌운다. 그리고 여리디여린 꽃망울을 당장이라도 터질 듯 부풀린다.

수원 행궁동 수원화성의 화서문과 서북공심돈 권역에는 산수유나무가 있다. 아직 추위가 가시지 않은 이른 봄, 산수유나무는 홀로 고고하게 한낮의 불꽃놀이를 터뜨린다. 행인들은 가만히 서서 한낮의 노오란 불꽃놀이를 바라본다. 『자전거 여행』의 저자 김훈은 책에서 다음과 같이 산수유꽃을 표현했다. '산수유는 다만 어른거리는 꽃의 그림자로서 피어난다. 그러나 이 그림자 속에는 빛이 가득하다. 빛은 이 그림자 속에 모여 오글오글 들끓는다. 산수유는 존재로서의 중량감이 없다. 꽃송이는 보이지 않고, 꽃의 어렴풋한 기운만 파스텔처럼 산야에 번져있다.'
그래서 산수유꽃은 언제 지는 것인지 쉽게 알아차릴 수 없는 은은한 향기 같은 꽃이다. 또 그는 산수유꽃이 나무가 꾸는 꿈과 같다며 예찬했다.

수원화성의 서북공심돈이 산수유나무 꽃가지 사이로 포근하게 들어오는 시선이다. 항상 똑같은 모습으로 우뚝 선 서북공심돈이지만 산수유나무 덕분에 봄의 계절을 입었다. 이렇게 나무는 주변 지형지물 혹은 건축물에 계절의 향을 입힌다. '계절감'은 나무가 베푸는 공능이나.

이어서 봄,

햇살이 찬바람을 덥히는 완연한 봄에는 가지 마디마다 신록의 새순을 뿜어낸다. 어떤 나무는 곧바로 꽃을 틔워 몸소 봄의 정령이 된다. 이러한 봄의 소생은 비단 낙엽수의 전유물이 아니다. 상록수도 겨우내 이어진 강추위로부터 잎을 보호하기 위해 적갈색으로 채도를 한 단계 낮췄던 어두운 잎을, 봄이 되자마자 언제 그랬냐는 듯, 싱그러운 초록빛으로 되돌린다.

상록수도 활엽수도 모두 함께 봄을 만끽한다.

정원에 대한 생각

늦봄,

꽃에 이어 부드러운 새잎과 햇가지를 뻗은 나무는 따스한 봄날, 어디선가 찾아온 반가운 손님 덕분에, 꽃이 열매로 변하는 마법을 겪는다. 수정된 꽃의 꽃받침은 제법 열매 모양을 갖추기 시작한다. 그리고 햇살이 따가워지는 여름을 대비하여, 연약한 봄날의 잎사귀를 두툼하게 키우고, 짙은 초록색으로 무장한다. 늦봄은 다가오는 여름 더위를 대비하는 시기로, 나무는 경쾌했던 봄을 뒤로하고, 차분한 초록빛으로 온 가지를 뒤덮는다. 그리고 초여름을 맞이한다.

초여름,

꽃이 귀한 시기이지만 간간이 여름꽃을 틔우는 나무가 주인공이 된다. 나무는 어둡고 습한 장마를 버티며, 끈질기게 가지를 뻗고 잎사귀를 펼친다. 그리고 잎사귀 사이사이로 천천히 부푸는 열매를 자랑스레 보여준다. 마치 나무가 빨아들인 흙 속 양분의 부피감이 시시각각 반영되는 듯 열매는 천천히, 그러나 하루가 다르게 부풀어 간다.

완연한 여름,
나무는 더위의 피난처가 되어준다. 모든 계절을 통틀어 가장 더운 여름이 역설적으로 나무가 가장 시원해지는 계절이다. 녹음은 강렬한 햇살 아래, 나무의 외곽선을 뚜렷하게 그리며 눈부신 하늘과 대비되는 어두운 그늘을 만든다. 한여름에 시원한 그림자를 선사하는 나무를 바라볼 때면, 마치 초록빛 꿈을 꾸는 듯하다. 실제로 무더위 속에서 나무는 잠시 생장을 쉬어 간다.

햇살이 절정에 이르는 늦여름,
나무는 늦봄에 수정된 열매를 크게 부풀리는 것에 여념이 없다. 뜨거운 여름 햇살의 힘으로 열매가 달궈진다. 나무마다 각기 다른 속도와 색으로 익어간다. 다가오는 초가을을 앞두고, 나무는 마지막으로 최선을 다하여 봄날 파스텔 같던 초록을 아크릴 물감처럼 쨍하게 덧칠한다.

전주한옥마을에 태조 이성계의 초상화가 전시된 역사문화유적지, '경기전' 옆 대나무 숲이다.
숲으로 들어가는 맞배지붕 문 앞을 지키는 팽나무는 우뚝 서서 두 팔 벌려
한여름의 초록 기운을 온 가지로 뿜어낸다. 대숲의 푸르름에 견주어도 팽나무의 녹음은
강렬한 여름을 누구보다 강하게 비춘다.
팽나무 잎사귀 사이로 간간이 번져 내리는 여름 아침의 햇살이 곱다.

더위가 물러가고 하늘이 높아지는 초가을,

청명한 햇살 아래 나무는 성숙한 잎을 내세워, 긴긴 겨울을 앞두고 차곡차곡 양분을 비축한다. 가지와 줄기를 살찌워 양분을 저장하는데 모든 힘을 기울인다. 동시에 여름 내내 달고 있던 열매에 아름다운 채색을 한다. 햇살이 많이 닿은 그곳부터 붓질한다. 늦봄에 뻗었던 부드러운 햇가지는 어느새 단단해지고 짙은 수피를 자랑한다. 햇가지와 작년 가지를 분간하기 어려워진다. 올 한 해의 성과를 과시하는 듯 눈부시다.

선선한 바람이 가지를 흔들고 잎사귀를 빗겨주는 완연한 가을,

나무는 잘 익은 열매의 선명한 빛깔과 함께, 한 해 동안 열심히 일해준 잎사귀와 작별을 고하기 전, 마지막 축제를 연다. 낮과 밤의 기온 차이와 아침이슬이 물들인 단풍은, 청명한 가을 하늘의 파란색과 대조를 이루며, 잎사귀 자신의 노고를 스스로 위로하는 듯 울긋불긋 빛난다.

봄과 함께 나무가 가장 다양한 색으로 빛나는 계절인 가을도 끝나간다. 바람의 끝자락이 날카로워지는 늦가을의 나무는 잎사귀와 마지막 인사를 나눈다. 바람결에 풍장風葬 하듯 잎사귀를 날려 보내는 나무는 추운 겨울을 앞두고, 잎이 떨어진 옆흔을 단단하게 굳히며, 견고하고 작은 겨울눈을 준비한다. 그렇게 가장 견고하고 단단한 부분만 단출하게 남긴 채로 나무는 춥고 긴 겨울을 맞이한다.

용인에 있는 호암미술관의 전통 정원 '희원' 입구인 '보화문'의 가을
모습이다. 보화문에 인접한 단풍나무가 붉은 단풍을 자랑한다. 그 가지와
붉은 잎사귀가 보화문을 뒤덮을 정도이다.
보화문 너머에는 매림(梅林)이 있어 전통 정원 희원의 시작점이 된다.
덕수궁의 유현문을 본떠 한국 전통 문양의 전돌을 입혔다. 모든 것을 거둬
모아 보존한다는 의미의 '보(葆)'에 꽃과 인간의 예술을 뜻하는 '화(華)'를
더하여, 모든 예술품을 거두고 모아 보존하는 호암미술관 전통 정원 희원의
의미를 지닌 문이다.

이러한 보화문 옆 단풍나무는 보화문에 가을이 찾아왔음을 알리고, 희원에
찬란한 가을이 담겨있음을 암시한다.

담백하고 차분한 초겨울,
 나무는 매서운 바람에 견딜 수 있도록 가짓결의 매무새를 다듬고, 몸속에 품은 물기가 얼어 살이 터지지 않도록, 물기를 땅으로 내려보낸다. 그리고 가을 동안 비축한 양분과 약간의 물을 한데 섞어, 긴 겨울잠을 준비한다.

두터운 솜이불 같은 눈이 내리는 한겨울,
 나무는 가장 깊은 꿈을 꾼다. 잠이 깊어 단단하게 굳은 수피와 가지는 겨울 하늘의 공허함을 달래주는 듯 부드러운 선을 긋는다. 봄을 꿈꾸는 나무가 이곳에서 짧은 낮잠을 자고 있음을 알린다.

창덕궁 궐내각사로 들어가는 길목에 있는 매화나무이다. 서까래에 그려진 연꽃과 대비되는 매화나무의 꽃이 돋보인다. 여름에 피는 연꽃과 봄에 피는 매화나무가 만나는 시간을 초월한 순간이다. 사람이 그려낸 꽃과 나무가 빚어낸 꽃이 마주하는 신비로운 계절이다. 이 외에도 다양한 나무가 숨어있는 궐내각사는 창덕궁의 숨은 명소이다.

　겨울의 혹독한 추위를 버틴 나무는 늦겨울에서 갈망하던 봄을 기다린다. 은은하지만, 분명 낮에는 따뜻함을 담고 있는, 늦겨울의 노란 햇살이 가지를 내리쬔다. 그 가지 마디마디마다 달린 겨울눈이 조금씩 부풀고 있는 모습을 본다면, 누구라도 나무가 이미 깊은 잠에서 깨어나 봄을 기다리고 있음을 알 수 있다. 그러나, 경솔하게 싹을 틔우지 않는다. 사람과 달리, 나무는 꽃샘추위의 급작스러운 변덕을 잘 알기 때문이다. 그렇게 조심에 조심을 가하여 설레는 마음을 꾹꾹 눌러 담아, 겨우내 꿈꾸고 그렸던 봄이 오기를 기다린다. 나무는 한자리에 가만히 서서 묵묵히 기다린다. 그 기다림의 끝에서 자연의 경이로운 순환 속에, 찬란한 봄이 나무에 도착한다.

　장황하게 서술했듯 나무는 계절의 아름다움을 온몸으로 투영하여 우리에게 보여준다. 시간과 계절에 대한 나무의 호소력은 실로 대단하여, 우리에게 무한한 영감을 준다.

종로에서 가장 아담하고 사랑스러운 한옥을 꼽는다면 단연 배렴가옥이다. 배렴가옥은 마당 또한 단출하고 앙증맞기로 유명하다. 마당 한가운데에는 목련나무가 딱 한 그루 자라고 있는데, 매년 종로의 이른 봄을 알린다. 목련나무는 매화나무 다음으로 꽃을 피운다. 특히 꽃봉오리가 꽃만큼 아름답다. 목련 꽃봉오리에는 봄의 꿈이 담긴 듯하고, 그런 봉오리를 부풀리는 나무는 봄날을 깊게 꿈꾸는 듯하다.

보들보들한 털로 뒤덮인 봉오리는 오동통한 무게감과 존재감이 사랑스럽다. 햇살을 많이 받는 남쪽 면부터 부풀어 자라는 특성 때문에 봉오리의 끝은 항상 북쪽으로 기울어 있다. 그래서 목련나무는 북향화라는 별명도 있다. 또한, 봉오리가 마치 붓의 촉과 같아서, 선비들의 사랑을 받아왔다고 한다. 배렴가옥의 기와를 배경으로, 북향화의 봉오리가 빛난다. 부드러운 솜털의 결이 빛을 받아 반짝이는 이른 삼월이다.

2) 수목이 창출하는 빛과 공간

수목은 '어두움에서 빛으로 나아가는 존재'이다. 흙 속에서 싹을 틔워, 빛을 찾아 고개를 들고, 시간이 허락할 때까지 거의 무한하게 빛을 따라 성장한다.

메를로 퐁티Maurice Merleau Ponty는 "형태는 운동의 상흔이다." 라는 말을 남겼다. 그의 생각은 나무의 생김새를 설명하는 중요한 단서가 된다. 나무의 생김새, '수형'은 모진 비바람과 지진, 낙석을 견디며 자라난 시간의 퇴적물이며 역경을 극복한 '상흔' 그 자체이다.

무엇이 나무로 하여금 끈질기게 견디게 하는가. 분명 그것은 빛이다. '빛을 쫓아 시간을 초월하는 나무의 생명력'은 모든 생물 종을 통틀어, 사람에게 가장 극적인 신비로움을 선사한다. 나무의 생김새는 '빛에 대해 동경이 공간 속 조형으로 형상화된 것'이라고 할 수 있다.

이렇듯, 나무를 떠올리면 빛이 가장 먼저 생각난다. 하지만 이와 동시에 나무는 그 누구보다 짙고 어둡고 넓고 시원한 응달을 만들기도 한다. 시원한 휴식 공간이자 은신처가 되어주는 나무 그늘, '녹음'은 나무가 만들어내는 많은 것 중에 '가장 어두운 것'이다. 그러나 이 어두움은 세상에 존재하는 수많은 어둠 중에, 가장 달콤하고 축복이 가득한 성모의 품 같은 어둠이다.

나무가 빛을 향해 나아간 자리에는 역설적으로 그늘이라는 시원한 발자국이 남는다. 나무의 그늘은 나무가 빛을 추구하는 만큼 짙어지고 넓어진다. 긴 세월 동안 이어진 성장의 궤적이다. 사람들은 노거수의 빛나는 꼭대기, '수관부'를 볼 수 없다. 그저, 노거수 둥치 옆에 가만히 서서, 너른 녹음 속에 작은 몸을 맡기고, 나무의 커다란 크기를 눈대중으로 겨우 가늠하며, 인간을 초월한 시간과 생명력의 경이로움을 떠올릴 뿐이다.

제주의 숲을 걸으면 멀꿀과 구실잣밤나무, 까마귀쪽나무와 담팔수, 사스레피나무가 반긴다.
그리고 다양한 고사리, 도깨비쇠고비, 일엽초, 콩짜개난이 다리에 스친다.

이러한 검푸른 녹음 사이 사이로 비집고 나온 바위들은 저마다의 심술궂은 표정을 부드러운 이끼와 조류, 지의류의 가면으로 숨긴다. 고혹적인 대자연 원시림이다.

창덕궁 선원전 앞 700살 먹은 향나무이다. 조선왕조 이전부터 자리를 지킨 진귀한 나무이다. 선원전은 제사를 지내던 곳이다. 제사를 지낼 때, 칠 백년 묵은 향나무의 가지로 향을 피웠을 것으로 예상한다.

향나무는 살아 천년 죽어 천년인 주목과 함께 긴 시간을 뛰어넘는 장엄한 나무이다. 그래서 선원전 앞 향나무는 창덕궁의 역사를 증명하는 나무이자 창덕궁을 대표하는 나무라고 할 수 있다. 필자가 가장 좋아하는 나무이기도 하다. 선원전 향나무는 후원 관람 후, 출구로 나오는 길목에 있다. 그래서 궐내각사 쪽으로 들어가면 볼 수 없고 후원 관람을 해야만 볼 수 있다.

아쉽지만 쉽게 만나기 어려운 나무이다. 그래서 이어지는 장에서 한 번 더 이 나무를 가까이 들여다보겠다.

나무에 빛은 '원초적 원동력'이자 강인한 생명력을 상징하고, 나무에 그림자는 나무가 살아온 '초월적 세월의 퇴적'을 드러낸다. 나무는 명과 암을 동시에 만들어내기에, 공간의 입체감을 가장 역동적으로 만들어내는 생물이다. 특히, 나무의 명과 암은 시간에 따라, 계절에 따라 점진적으로 변화한다.

아침 햇살에는, 잎사귀가 가장 채도 높은 초록색을 띠며, 둥치까지 본연의 수피樹皮 색을 드러낸다. 그리고 빛이 가득한 아침이 지나, 점심이 되어서 해가 높아지면, 잎사귀는 수면의 윤슬처럼 하얗게 반짝이고 그 아래 짙은 어둠으로 자신의 둥치를 숨겨, 흙의 시원한 물기를 붙잡아 둔다. 이어서 늦은 오후가 되어 해가 기울면, 나무는 둥치를 가리던 그림자를 조금 옅게 멀리 저미러 지면에 자신의 초상화를 그린다.

이렇듯 나무의 명과 암은 시간의 흐름을 시각적으로 지각하게 도와준다. 하루의 순환뿐 아니라 계절의 순환에서도 나무의 명과 암은 매우 특별하다. 추운 겨울에는 가지 사이로 따뜻한 빛을 투과시키되, 더운 여름에는 잎사귀로 햇살을 막아, 시원한 녹음을 품는다. 마치 나무가 사람의 편의를 위하는 듯하다. 사람은 나무가 그리는 빛과 그림자를 바라보며, '생명의 숭고함으로서의 빛'과 '자애로움으로서의 어둠'을 함께 느낄 수 있다.

생강나무는 나뭇가지를 부러뜨리면 생강 향이 난다고 해서 지어진 이름으로, 산수유꽃과 유사하지만, 산수유꽃보다 더욱 촘촘하게 핀다. 오리발 모양의 잎도 매우 귀여운 나무이다. 강원도에서는 동백기름을 대신한 나무라서 동백나무라고 불린다.

창덕궁 후원 관람지 남쪽에서 관람정과 존덕정을 바라본 모습이다. 추위가 가시지 않은 이른 3월에
피는 생강나무꽃이 한창이다. 가지의 부드러운 결이 관람정을 받치는 손처럼 보인다.
생강나무는 큰 오리발 모양의 잎을 떨군 겨울에 비로소 특유의 고운 가짓결을 드러낸다.
나뭇가지는 풍경의 프레임이 되고 시선의 흐름을 유도한다.
특히, 생강나무는 가지 마디마다 꽃을 틔워 빛나는 밤하늘의 별처럼 노랗게 반짝인다.
마치 관람지 수면에 노란 은하수가 내려앉아 별이 아른아른 반짝이는 듯하다.

3) 수목의 조형 요소

　우리 눈으로 볼 수 있는 나무의 조형 요소는 곧, 나무의 감상 요소이다. 이러한 요소는 비단 눈으로만 감상하는 것이 아닌, 손으로 만져보고 향기를 맡으며 오감으로 즐길 수 있는 요소이다. 정원의 주인공인 나무가 어떤 조형 요소를 가졌는지, 그리고 각 요소가 어떠한 오감적 매력을 가졌는지 알아보는 것은, 어떤 매력을 지닌 정원을 만들 것인지 고민하는 것과 같다. 나무의 매력을 이해하고 활용할 수 있는 능력은 좋은 정원가의 가장 기초적 자질이며 모든 정원 구상에 선행한다.

　우리는 지면 위로 드러난 부위만 볼 수 있기에, 지면을 기준으로 아래서부터 위로 나무의 조형 요소를 나열해 보자.

지면 위로 드러난 근장筋蹠,
근장에서 줄기로 이어지는 둥치,
둥치 위로 뻗은 줄기,
줄기에서 분기되는 굵은 가지,
가지에서 분기되는 얇은 잔가지,
가지의 잎 마디,
잎자루와 잎사귀,
꽃과 열매가 있다.

이제 하나씩 뜯어보자.

첫 번째로, 근장이다.

근장은 지면 위로 드러난 뿌리이자 태초에 뿌리가 분기되기 시작한 부분이다. 근장은 나무에 모든 것의 시작점이자 무게중심이다. 사람으로 치면 배꼽과도 같다. 씨앗이 발아되어, 줄기와 뿌리로 나눠진 바로 그 부위를 품고 있는 가장 신비한 곳이다. 나무의 부위 중에 가장 오랜 시간을 간직한 곳이며, 나무의 시작부터 현재까지를 고스란히 느낄 수 있는 부분이다. 그래서 근장은 겉으로 드러난 나이테와 같다. 근장은 땅 깊숙이 파고든 모든 뿌리의 주인이며, 땅의 기운이 모이는 구심점으로서, 안정적이고 신비로운 인상을 준다. 근장은 나무가 자리 잡은 후, 오랜 시간이 지나야만 드러난다. 흙이 쓸려 내리고 뿌리가 굵어지며 지면 위로 드러나는 근장은 아득한 시간을 초월한 나무의 생명력을 대변하고 오랜 시간 한 자리를 지켜온 나무의 정체성을 드러낸다. 즉, 나무 특유의 장소감은 근장에서 비롯된다고 해도 무방하다.

좋은 정원가는,
시간을 간직한 근장 형태를 아름답게
드러낼 방법을 고민하며, 근장을
활용하여 세월감의 풍미를 느낄 수 있는
정원의 장소성을 연출한다.

창덕궁 후원 연경당의 앞마당에 있는 고령의 느티나무이다. 이 나무는 굵직하게 벌어진 뿌리 뻗음이 인상적이다. 드넓은 근장을 바라보면 이 나무가 간직한 오랜 세월과 그 시간을 함께한 연경당 마당의 긴 역사를 짐작해 볼 수 있다.

오산 물향기수목원에서 만나볼 수 있는 낙엽송의 숨 쉬는 뿌리, 기근이다.
마치 동굴의 종유석처럼 땅 위로 기어 올라온 모습이 인상적이다.
낙엽송은 습한 땅에 자리 잡으면 땅속 산소가 부족해 기근을 발달시킨다.
나무는 수종별로 천차만별 다양한 근장과 뿌리 뻗음을 보여준다.
땅을 대하고 땅을 다스리는 나무 본연의 생존 방식을 알 수 있다.

이처럼 나무의 근장은 땅의 성질과 환경을 이해하는 척도가 된다.
낙엽송의 기근은 특히 그 조형이 독특하고 아름다워서
습지 주변으로 고유의 경관을 만들어낸다.

두 번째는 줄기이다.

줄기는 근간에서 일어나 하늘의 빛으로 나아가는 나무의 초심이자 의지이다. 줄기는 무수히 많은 가지와 잎사귀를 떠받치는 모양새로, 흔히 기둥에 비교된다. 기둥의 특성을 가진 줄기는, 정원을 구성하는 수목의 요소 중, 시각적으로 크게 이바지한다. 이러한 줄기의 특성에 대해 알아보기 전에, 공간감에 대해 다룰 필요가 있다.

공간은 말 그대로 텅 빈 곳이다. 공간감이란 텅 빈 곳에 대한 사람들의 지각이다. 사람은 어떻게 비어있는 무색무취의 허공을 지각하는 것일까. 그것은 바로, 범위와 경계면에 대한 인식을 통해 가능하다. 우리는 상자나 물병, 방과 같이 무언가를 감싸는 외곽이자, 기준이 되는 경계가 있어야, 그것이 품고 있는 공간을 쉽게 연상하고 이해한다. 즉, 감싸진 감각. '위요감'을 통해 우리는 공간에 지각한다.

물향기수목원의 단풍림이다. 여러 갈래로 자라난 줄기들이 돋보인다.
줄기는 공간을 포근하게 둘러싼다.
그리고 줄기가 그린 그림자가 낙엽 위를 가로지르며 추상화를 그린다.

위요감은 공간을 구성하는 매우 중요한 기준이 된다. 우리 주변의 공간에서 위요감을 형성하는 요소는 무엇이 있을까. 나무를 예로 들기에 앞서, 가장 명료한 형태를 보여주는 건축공간에서 예를 찾아보자.

건축에서 공간과 위요감을 만드는 기본 요소는 바닥, 벽, 창, 문, 지붕이 있다.

먼저 바닥은 이곳이 다양한 행위가 가능한 공간임을,
벽은 이곳이 안정적으로 가려진 공간임을,
창은 이곳에서 외부와 소통할 수 있음을,
문은 이곳이 다양한 공간과 연결되어 있음을,
지붕은 이곳이 외부의 변화로부터 항상성을 가짐을
의미한다.

성균관 명륜당의 유명한 고령목 은행나무이다.
자세히 보면 남쪽으로 뻗은 오래된 가지에 고드름처럼 생긴
신기한 혹덩이를 볼 수 있다. 바로 은행나무의 유주이다.
젖기둥이라는 뜻인데, 고령의 은행나무에서만 나타나는
희귀한 조직이다.

양분이 모여있다는 추측이 있으며 정확한 발생 연유는
아직 밝혀지지 않았다. 이처럼 나무의 줄기는
수종마다 이색적인 비밀과 특징을 갖고 있다.

래미안갤러리의 정원이다. 정원 내에 라운지와 같은 용도로 시설물이 구성되었다.
흰 담장은 공간의 아늑한 위요감을 형성한다.
이처럼 담장을 통해, 정원의 공간을 닫거나, 열거나, 연결하고, 끊어줄 수 있다.

오설록티하우스의 중정 정원이다. 삼면이 유리로 감싸져 실내와 맞닿아 있는 주름진 공간감이 이색적이다. 이 중정은 건너 공간이 훤히 보이는 유리창으로 감싸졌다. 그래서 작은 공간에서 활용된 위요감의 부작용인 답답함이 해소되었고, 다소 좁은 공간을 아늑하게 승화했다.
협소한 공간에서 실천할 수 있는 아름다운 중정의 대표적인 사례다.
이 사례에서는, 매화나무가 정원의 주인공이 되어 은은한 꽃 향을 공간에 퍼트린다.
중정은 향기를 오래 가두어 잔향이 지속할 수 있도록 하기에,
향기가 나는 나무를 심는 것이 특히 좋다고 할 수 있다.

다시 본론으로 돌아가서,

'줄기'는 앞서 소개한 공간 구성요소 다섯 가지를 만들어내는 가장 원초적 구조물인 기둥에 속한다. 기둥은 지붕을 받치며 일렬로 이어지면 열주가 되고 촘촘하면 벽이 된다. 단수의 기둥은 수직적 높이감을 만들고, 다수의 기둥은 수평적 넓이감을 생성하며, 기둥 사이의 공간은 창문이 된다. 나무의 줄기는 이러한 기둥의 역할을 빼닮았다.

정원이라는 외부 공간에서 나무의 줄기는 매우 건축적이며, 수평적 공간에 수직적 상승감을 생성한다. 줄기는 수목의 조형 요소 중, 가장 다양한 기능으로 활용된다. 그래서 더욱 신중하게 이용해야 한다. 다수의 줄기는 공간을 분할 하는 단위가 되거나, 시선의 범위를 결정한다. 반면, 단독의 줄기는 공간의 구심점이 된다. 줄기는 그 자체로 중력을 이겨낸 나무의 실존을 드러낸다.

석파정의 오래 묵은 반송, 천세송이다. 이 소나무는 반송이다. 그래서 줄기가 곧게 위로 뻗는
대신, 낮은 곳에서 여러 갈래로 나뉘어 뿌리처럼 얼기설기 엮이며 자라난다.

이러한 줄기의 외양은 나무의 껍질, 즉 수피가 감싸고 있다. 큰키나무의 경우, 수피는 사람이 팔을 뻗어 만져볼 수 있는 주된 부위이다. 수피는 나무의 인상을 좌우한다. 거침의 정도, 벗겨짐의 주기, 색의 밝고 어두움, 채도의 높고 낮음, 다양한 무늬와 갈라짐으로 나무의 수피는 저마다의 고유성을 뽐낸다. 비에 젖은 수피, 햇살에 바싹 마른 수피, 이끼가 뒤덮인 수피 등, 수피는 줄기의 표정이고 인상이다. 나무는 안쪽으로 나이테를 밀어내고 바깥쪽으로 수피를 밀어내며 줄기를 살찌운다. 정원사 김장훈은 저서 『겨울 정원』에서 수피를 보면 세월의 흔적이 오롯이 새겨진 초상화를 보는 듯하다고 강조했다.

앞서 소개한 창덕궁 궐내각사에 있는 선원전에 있는 700살 묵은 고령 향나무를 가까이서 본 사진이다. 이것은 향나무의 뼈줄기이다. 죽은 목재가 드러나 긴 세월 동안 돌처럼 굳었다. 살아있는 줄기와 물관이 죽어있는 뼈줄기와 뒤엉킨 모습에서 삶이라는 미래와 죽음이라는 과거가 혼존한다.
시간을 초월한 향나무의 생명력이 여실히 드러나는 줄기이다. 모진 풍파를 겪고 오래 묵은 향나무에서 볼 수 있는 고혹적인 모습이다.

헌법재판소 뒷마당에 있는 오래 묵은 천연기념물 백송의 줄기이다. 아침 햇살에
새하얗게 빛나는 수피가 인상적이다. 소나무라고 하면 거북이 등딱지처럼
쪼개지는 구갑피만 연상되지만, 소나무의 사촌 백송은 버즘나무와 같이
매끈하게 벗겨지는 크림색의 줄기가 인상적인 나무이다.

세 번째는 가지이다.

줄기가 기둥이자 벽, 수직의 요소였다면 가지는 지붕이자 창문, 수평의 요소이다. 가지는 줄기에서 분기된다. 줄기보다 더 누운 각도로 뻗어 나간다. 줄기에서 첫 번째로 분기되는 가장 오래된 굵은 가지도, 태초에는 잎겨드랑이의 작은 눈이었고 얇은 잔가지였다. 굵은 가지도 잎에서 시작된 것이라 할 수 있다. 가지는 굵기 상관없이 나무의 가장 원초적인 본성을 품고 있다. 나무의 잎이 저마다 다르듯이, 둔탁하고 단순해 보이는 굵은 가지의 분기점도 꼼꼼하게 살펴보면 수종별로 아주 다름을 알 수 있다.

이러한 가지는 아치, 혹은 볼트처럼 잔가지라는 지붕을 떠받치는 골조로 비유할 수 있다. 이때 흥미로운 점은, 하중은 아래로 모여 흐르지만, 조형적 동세는 위로 분산되어 흐른다. 이처럼 가지는 상반된 두 가지 흐름을 갖고 있어, 몹시 오묘한 선율을 그린다. 가지의 폭은 녹음의 너비를 결정하고 높이는 그림자의 길이를 결정한다. 그리고 분기되는 지점과 각도에 따라, 다양한 분위기를 만든다.

수평적으로 뻗은 가지는 안정감을,
수직적으로 뻗은 가지는 강한 상승감을,
처진 가지는 차분함을 전달한다.

또한, 낮은 곳에서 분기된 가지는 고요함과 공간적으로 과밀한 아늑함을 연출한다. 때로는 꽉 찬 위요감을 선사한다. 반면, 높은 곳에서 분기된 가지는 높은 줄기를 갖는다. 그래서 경쾌함과 공간적으로 시원한 트임을 연출한다. 줄기 주변으로 사람이 기대어 앉아 쉴 수 있는 공간을 충분하게 품고 있다.

그리고, 굵은 가지에서 잔가지까지의 연속성이 부드럽게 이어져, 가지가 풍부하게 펼쳐지고 굵기의 점쇄성 스펙트럼이 다양한 경우에는 유연한 인상을 줄 수 있고 유기적이고 역동적인 인상을 준다. 반면, 굵은 가지에서 잔가지로 이어지는 구간이 단순해서, 가지가 규칙적으로 명료하게 펼쳐지고 굵기의 점쇄성 스펙트럼이 담백한 경우에는, 굳건한 인상을 줄 수 있고 차분하며 단정한 인상을 준다. 대개 전자는 활엽수, 후자는 침엽수에 해당한다.

덕수궁 석조전 앞의 유명한 배롱나무이다.
나무의 아래쪽으로 허리를 굽혀 위를 바라보면
황홀한 곡선을 그리며 뻗어 나간 가지가
돋보인다. 그리고 매끄러운 표피가 인상적이다.
이러한 매끄러운 수피 덕분에 일본에서는
'사루스베리(さるすべり)'라는 이름을 얻었다.
그 의미는 '원숭이도 미끄러지는 나무'이다.

국립경주박물관 서편에는 한 쌍의 고령 팽나무가 있는데,
박물관 서쪽 창을 가지가 감싸는 모습이 일품이다.
노령의 가지는 잎의 무게를 견디지 못해 아래로 처지게 되는데,
이때 드러나는 온화한 곡선에서 노거수의 나이를 가늠해 볼 수 있다.
나뭇가지는 건축물의 파사드에 매우 훌륭한 계절감을 부여하며
시시각각 바뀌는 인상적인 프레임이 되어준다.
초가을 온화한 햇살에 노릇노릇 구워진
팽나무의 이른 단풍 색감이 무척 은은하다.

잔가지는 나무의 결과 감정선을 만든다. 잔가지가 매우 촘촘하고 마디가 짧은 경우, 다부지지만 답답할 수 있고 섬세하지만, 무게감 있는 인상을 준다. 반면, 잔가지가 매우 여유 있고 마디가 긴 경우, 엉성하지만 시원할 수 있고 투박하지만, 경쾌한 인상을 준다. 잔가지의 결은 바람을 빗겨주는 빗과 같아서, 시각적이며 동시에 촉각적인 감각을 선사한다.

이제 스케일을 매우 작게 들여다보자. 잎과 잎 사이의 잎 마디는 가지를 자세히 보아야 한다. 잎 마디는 나무의 리듬이자 박자 감각이다. 성장의 패턴이며 나무가 가진 가장 작은 기준이다. 마주나거나 어긋나거나 돌려나는 다양한 잎 마디는 나무의 가지 패턴을 결정하고, 나아가 줄기의 형태까지 결정짓는 최소 단위가 된다. 잎 마디를 잘 이해해야만 나무의 가장 큰 형태를 이해할 수 있다. 그래서 가장 작게 들여다볼 줄 아는 사람이 나무의 가장 큰 형태를 쉽게 이해한다.

기흥에 있는 정원이 아름다운 카페,
'카페인가'의 가을 단풍나무 열매이다. 바람에
날아가서 자손을 널리 퍼뜨리기 위해 열매에
날개가 달려있음을 볼 수 있다.

경주 김씨의 시조, 김알지의 탄생 설화가
깃든 전설의 숲 계림에는 왕버들과 팽나무가
많다. 사진 속 나무는 월성과 첨성대 사이에
있는 계림 입구에 우뚝 선 팽나무이다. 하늘을
가르는 번개와 유사한 팽나무 특유의 가지
곡선이 잘 드러난다. 이처럼 가지가 그리는
곡선만으로 수종을 파악해 볼 수 있다.

초가을이라 잎사귀가 노랗게 물들어 가는
모습이 인상적인 팽나무숲이다.

강원도 원주, 안도 다다오 Ando Tadao가 '건축적 산책'을 실현한 '뮤지엄산'의 '물의 정원'이다. 자작나무 잎사귀 너머로 공간의 신비감과 심도를 연출하는 벽과 연못, 보행로가 어우러지는 모습이 돋보인다. 특히, 자작나무 특유의 하늘거리는 잎 마디 덕분에 공간의 정적인 경직성이 완화된다.

　잎 마디가 짧으면, 가지가 쉽게 분기되어 높은 가지 밀도를 갖게 되고 큰 키로 자라기 어렵다. 반면, 잎 마디가 길면, 가지가 띄엄띄엄 분기되어 낮은 가지 밀도를 갖게 되고 큰 키로 자라기 쉽다. 잎 마디가 어긋나면 불규칙하고 자유분방하게 가지가 분기되어 다양한 선을 그리지만, 잎 마디가 마주나면 절도 있지만 단조롭게 가지가 분기되어 담백한 선을 그린다. 이처럼 작고 여린 잎 마디는 오랜 세월 뒤에 줄기가 된다. 그래서 근장과 함께 나무의 태고를 상징하는 중요한 요소이다

　그래서 필자가 나무의 조형 요소 중, 가장 중요한 두 가지를 꼽자면 근장과 잎 마디이다. 이때, 근장은 토양의 영향을 받아 수동적이라면, 잎 마디는 수종 본연의 성질을 드러내서 능동적이다. 하지만 역설적으로 근장은 같은 수종이어도 토양과 지형 환경에 따라 저마다 다채롭게 다르며, 잎 마디는 아무리 환경이 달라도 같은 수종이라면 절대적으로 똑같다. 나무는 다양한 부분에서 양면성을 지녀 다분히 야누스적이다.

창덕궁 낙선재의 매화이다. 안에서 밖으로 밀어내는 힘으로 피워내는 매화의 개화 과정이 잘 드러나는 개화 초기의 순간을 촬영할 수 있었다.『자전거 여행』의 저자 김훈은 매화의 낙화를 산화에 비유했다. '매화는 바람에 불려 가서 소멸하는 시간의 모습으로 꽃보라가 되어 사라진다.'라며 매화의 절정은 바람이 흩날리는 그 잠깐이며, 매화의 죽음은 풍장과 같다고 찬사를 보냈다.

이제 잎사귀를 알아보자.

잎사귀는 잎 마디의 잎눈에서 피어나, 한 해 동안 나무의 양분을 만드는 것에 이바지한다. 이러한 잎사귀는 도톰함과 크기, 광택에 따라서 자아내는 감정선이 다채롭다. 도톰한 다육질의 잎사귀는 빗방울이 부딪히면 육중한 부피감이 느껴지지만 얇고 바스락거리는 잎사귀는 바람결에 흩날려 하늘거리는 경쾌함을 선사한다. 작고 섬세한 잎은 차분하고 부드러운 촉각을 자극하며 크고 둔탁한 잎은 경쾌하고 거친 촉각을 자극한다.

특히, 잎사귀는 어린잎과 성체의 색이 다르며, 잎자루와 잎 날의 색이 다르고, 앞 뒷면의 솜털이 달라 오묘하고도 무수한 경우의 수를 만들어낸다. 그래서 이 이상 조형적 유형으로 쪼개어 생각하는 것은 어렵고 수종별 매력으로 이해하는 것이 좋다.

한여름, 제주도 서귀포의 여미지식물원에서 마주친 담팔수의 잎과 열매이다.
담팔수는 우리나라에선 제주 서귀포에서만 자생하는 귀한 나무이다.
트로피컬 한 잎사귀와 열매가 돋보인다.

대전 한밭수목원에서 달큰한 향기에 고개를 돌려 발견한 때죽나무의 겸손한 꽃이다. 아래를 바라보고 피기에 가장 겸손한 꽃으로, 살벌한 나무 이름과 달리 매우 귀엽고 청초한 꽃을 보여준다. 특유의 기분 좋게 은은한 향기마저 겸손하다.

마지막으로 꽃과 열매이다.

꽃과 열매는 구분 지을 필요가 없다. 봄과 여름이 서로 다르지만, 계절 속에서 이어지듯 꽃과 열매도 결국 하나의 과정이다. 꽃은 태초의 겨울눈이다. 겨울눈이 봄 햇살에 봉오리로 부풀고, 개화를 거쳐 만개하고, 이내 낙화한다. 벌의 도움으로 수정된 꽃은 과실을 부풀려 형형색색으로 익어가며, 이르게는 늦여름, 늦게는 이듬해 늦겨울까지 가지에 달려있다가 낙과한다. 통념적인 열매인 사과나 감뿐만 아니라, 단풍나무의 날개 모양 씨앗, 소나무의 솔방울, 참나무의 도토리처럼 꽃의 결실은 다양한 형태로 이어진다.

지금까지 수목의 조형 요소를 알아보았다. 하지만 수종 언급을 거의 배제하고 개략적인 유형으로 설명했기에 부족함이 많다. 시간이 허락한다면 언젠가 수종별로 조형 요소의 미적 특성에 대해 더욱 자세하게 다뤄보고 싶다.

창덕궁 낙선재의 한정당 현판 앞 매화이다. 매화의
가지는 시원하게 위로 뻗어 나가는 것이 특징으로,
마디마디마다 진주알과 같은 꽃봉오리가 부푼다.
매화는 향으로 피고 바람에 지는 꽃이다.

경주 대릉원의 가을을 책임지는 감나무이다. 감나무 가지가 치질 정도로 무겁게 매달린 감은 까치의 늦가을 요깃거리가 된다. 까치밥을 많이도 달고 있는 모습이다. 나무의 열매는 가을의 상징이다. 물론 여름이나 겨울에 익는 열매도 많지만, 나무의 열매를 떠올리면 가을의 계절감이 가장 먼저 생각난다. 그중에서도 감나무의 감은 가을을 한가득 담고 있다. 주홍색의 열매는 가을의 풍요와 애틋함이라는 양가감정을 불러일으킨다.

4) 수목과 숲의 공동체

숲은 나무의 집합, 나무의 공동체이다. 『자전거 여행』의 저자 김훈은 여름의 광릉 숲을 걸으며 숲의 전체성은 나무의 개별성을 품고 있다고 말했다. 그리고 숲의 어감에 대해 다음과 같이 말했다.

> "숲의 어감은 깊고 서늘한데, 이 서늘함 속에는 향기와 습기가 번져있다.
> 숲의 어감에는 말라서 바스락거리는 건조감이 들어있고,
> 젖어서 편안한 습기도 느껴진다."

숲은 치열한 조화를 보여준다. 바위가 오랜 시간을 거치면 비옥한 흙이 되듯이, 숲도 세월의 흐름에 따라 양수림으로 시작하여 음수림으로 변화하고 극상림이 된다. 하지만 극상림에서 끝나지 않는다. 다양한 자연재해와 기상 이변을 겪으며 숲은 다치고 회복하기를 반복한다. 우리의 피부로 느끼기 어려운 긴 시간은 숲에 한나절일 뿐이다. 숲은 시간을 초월한 순환의 흐름 속에 있다. 그런 거대한 숲 아래에서 사람은 숲에 들어가 세속을 등지거나 숲에 다녀와 세속을 정화한다. 우리 일상에 가까운 숲이 있는가 하면, 찾아가기 어려운 심산의 숲도 있다. 가까운 숲은 우리 삶의 터전이며, 먼 숲은 문명을 초월한 자연의 상징이다. 숲은 우리의 일상을 풍요롭게 하며 세계관의 외연을 확장한다.

숲은 나무로 이루어져 있다. 나무는 거대한 숲을 이루면서 각자가 본연의 실존을 붙잡고 있다. 정원은, 숲의 은밀함과 신비함, 그리고 나무의 공동체가 이룩하는 생태계를 표상한다.

나무인문학자 강판권은 숲이 '원융의 산물'이며, 나무들이 각각의 속성을 잃지 않으면서도 서로 원만하게 융합하는 원융에 따라 숲을 이루기에 나무를 사랑한다고 역설했다.

또한, 나무는 쓰러지면 비록 스스로 일어날 수는 없지만, 쓰러진 몸에 새 생명을 잉태하고 다른 생명체에게 몸을 내주기도 한다며 나무의 죽음은 곧 새 생명의 탄생이라고 나무에 대해 예찬했다.

다시 경주의 계림이다. 신라 시조 박혁거세가 태어난 경주 나정과 함께 한반도 역사의 신령스러운 곳 중 하나이다. 계림의 본래 이름은 시림이었고 시림에서 신라라는 나라 이름이 탄생했다. 그래서 나무인문학자 강판권은 계림이 경주 문화 유적에서 가장 중요하다고 역설했다.

계림의 깊숙한 곳으로 걸어 들어가면 아름드리 용버들이 우람하게 자라나고 있다. 이곳에서 수목과 숲의 공동체를 엿볼 수 있다. 노거수는 일정한 간격을 두고 두꺼운 줄기를 살찌워 자라고 있다. 나무 개별의 실존이 보인다. 하지만 고개를 들어, 가지를 보면 서로 뒤엉켜 하늘을 고르게 뒤덮었다. 나무의 공동체성이 돋보인다. 이처럼 오래 묵은 숲은 수목 하나하나의 고유성이 살아 숨 쉬되, 숲이라는 하나의 거대한 공동체이자 생태계를 이룩한다.

담팔수의 최북단 자생지이자 제주 3대 폭포인 천제연폭포가 있는 천제연 계곡의 밀림이다.
화산섬의 웅장하고도 억센 직벽과 바다로 이어지는 계곡을 빼곡하게 뒤덮은 나무가 돋보인다.
평지의 고요한 숲인 계림과 반대로 천제연 계곡의 숲은 나무의 뛰어난 적응성 혹은 정복성이
드러난다. 숲의 강인한 활기와 나무 개별의 정열이 느껴진다. 포근한 계림과 달리 장엄한 숲이다.
특히, 담팔수의 생장 한계지점이라는 점에서, 숲이 가진 힘의 임계치를 느껴볼 수 있다.

정원과 물질성

이제, 정원의 물질성을 알아보자. 수목성과 함께, 가장 중요한 정원의 물질성인 '흙'과 '물'에 대해 알아보자. 흙과 물, 그리고 수목은 서로 분리 불가능한 상호 의존적 관계로 얽혀있어, 상호 간의 유기적인 관계 특성을 파악해야 한다.

1) 바위와 흙, 그리고 시간
2) 구름과 물, 그리고 공간

1) 바위와 흙, 그리고 시간

바위는 돌멩이가 되고, 돌멩이는 자갈이 되고, 자갈은 모래가 되고, 모래는 흙이 된다. 이러한 바위와 흙은 시간을 가로지르는 관계에 놓여있다. 바위와 흙은 풍화작용으로 얽혀있는 긴 시간을 초월한 관계이다. 이때, 바위가 시간에 저항하면 돌로 남아 짙은 실존이 드러난다. 반면, 바위가 시간에 순응하면 흙이 되어 온화한 표정으로 풀어진다. 바위가 시간에 순응하는 것에 도움을 주는 것은 물이다. 물이 바위의 틈을 파고들어 얼고 녹으며 바위를 흙으로 되돌린다. 그렇게 시간에 순응한 바위는 흙이 되어 만물을 양생하는 토양이 된다.

흙은 비옥한 토양이 되어 나무의 밑거름이 되어준다. 하지만 흙에서 나무로 향하는 일방적인 흐름만 있는 것은 아니다. 나무에서 흙으로 되돌아가는 흐름도 있다. 나무는 껍질과 낙엽을 다시 땅에 내어준다. 혹은, 나무가 쓰러진다면 그 생명의 쓰러짐은 땅에 기대어 다시 다른 생명에게로 이어지게 된다. 이렇게 흙과 나무는 연결되어 있는데, 그 사이에 물이 존재한다. 흙과 나무는 물을 통해 이어진다. 비가 되어 땅에 내린 물은 흙이 머금고, 뿌리를 통해 나무로 이어진다. 이처럼, 만물을 양생하는 흙은 물과 나무와 유기적인 관계를 맺음으로써 비로소 비옥해진다.

> 좋은 정원가는, 정원에서 바위와 흙이 어떠한 상징을 내포하는지 이해하고, 다른 정원 구성요소와의 관계에 필연적 개연성을 부여한다.

2) 구름과 물, 그리고 공간

구름은 비가 되어 내리고 계곡을 거쳐 시냇물이 되고 강이 되어 바다로 흘러간다. 바다에서 물은 강한 햇살에 증발하여 다시 구름이 된다. 이러한 구름과 물은 공간을 가로지르는 관계에 놓여있다. 구름과 물은 수 순환이라는 큰 고리로 이어진 드넓은 공간을 초월한 관계이다. 이때, 물이 공간의 물리성에 저항하면 증발하여 구름이 되고 물리적 자유성을 얻는다. 반면, 물이 공간의 물리성에 순응하면 연못에 고이고 흙에 스미거나 바다로 흘러 내려간다. 물이 공간에 순응하는 것에 이바지하는 것은 바위이다. 바위는 물을 고이게 하거나 물이 돌아가게끔 한다. 그렇게 공간에 순응한 물은 흙에 스밈으로써 만물을 양생하는 수분이 된다.

이처럼 흙과 물 각각의 물질성을 파악해 보는 것은 정원 내 바위와 자갈, 모래와 흙의 사용과 폭포와 분수, 연못과 시냇물의 활용에 큰 도움을 준다. 흙과 물의 연유를 이해함으로써 자연적 조화를 고려해 볼 수 있다.

물은 정원의 젖줄이 되어 나무의 생명에 필수 불가결한 요소가 되어준다. 하지만 물에서 나무로 향하는 일방적인 흐름만 있는 것은 아니다. 나무에서 물로 되돌아가는 흐름도 있다. 나무는 잎사귀에서 수분을 공기 중으로 내뿜는다. 이를 증산작용이라고 한다. 이렇게 물과 나무는 서로 끈끈하게 연결되어 있는데, 그 사이에 흙이 존재한다. 물과 나무는 흙을 통해 이어진다. 앞서 서술했듯이, 비가 되어 땅에 내린 물은 흙이 머금고, 뿌리를 통해 나무로 이어진다.

이처럼, 생명을 양생하는 물은 흙과 나무와 유기적인 관계를 맺음으로써 비로소 완전한 수 순환으로 거듭난다. 좋은 정원가는 정원에서 구름과 물이 어떠한 상징을 내포하는지 이해하고, 물과 나무의 인과관계를 흥미롭고 아름답게 드러낸다.

추사 김정희의 별서로 알려진 백석동천 별서 터의 계곡이다. 부암동에 있는 서울의 가장 깊고 비밀스러운 정원이다. 정원은 흔적만 남아 더욱 은은하다. 정원에는 작은 계곡에서 오골오골 바위를 타고 흐르는 맑은 물소리만이 청아하게 울린다.

종로 수성동에 있는 수성동계곡이다.
인왕산을 타고 흘러내리는 물소리가 얼마나 크면
수성동이라고 이름이 지어졌을까.
서울 도심 옥인동에 있는 수성동계곡은
도롱뇽과 가재의 서식지로도 잘 알려진 귀한 자연 지역으로,
인왕산과 더불어 서울의 허파 역할을 한다.

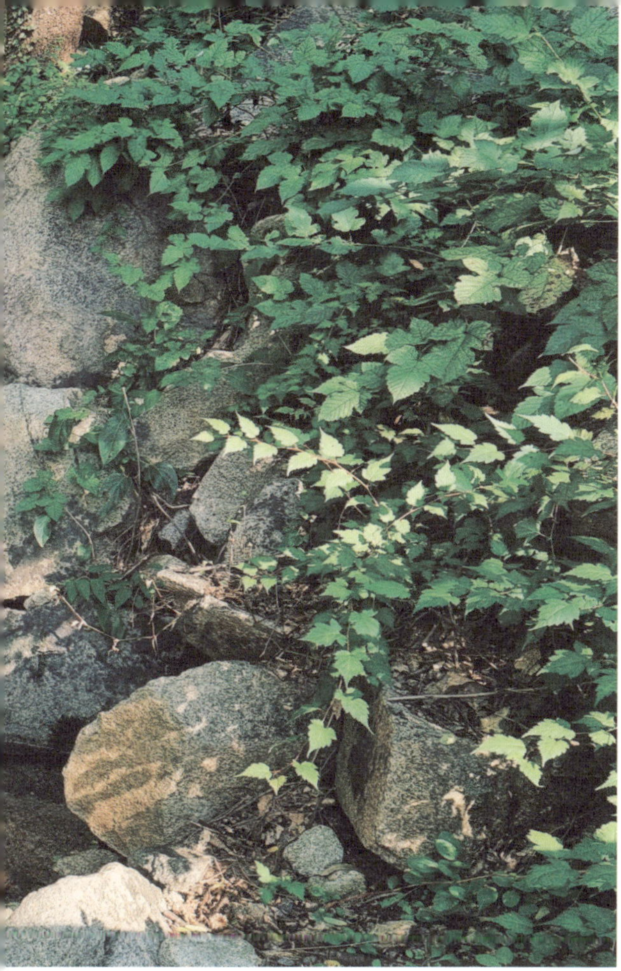

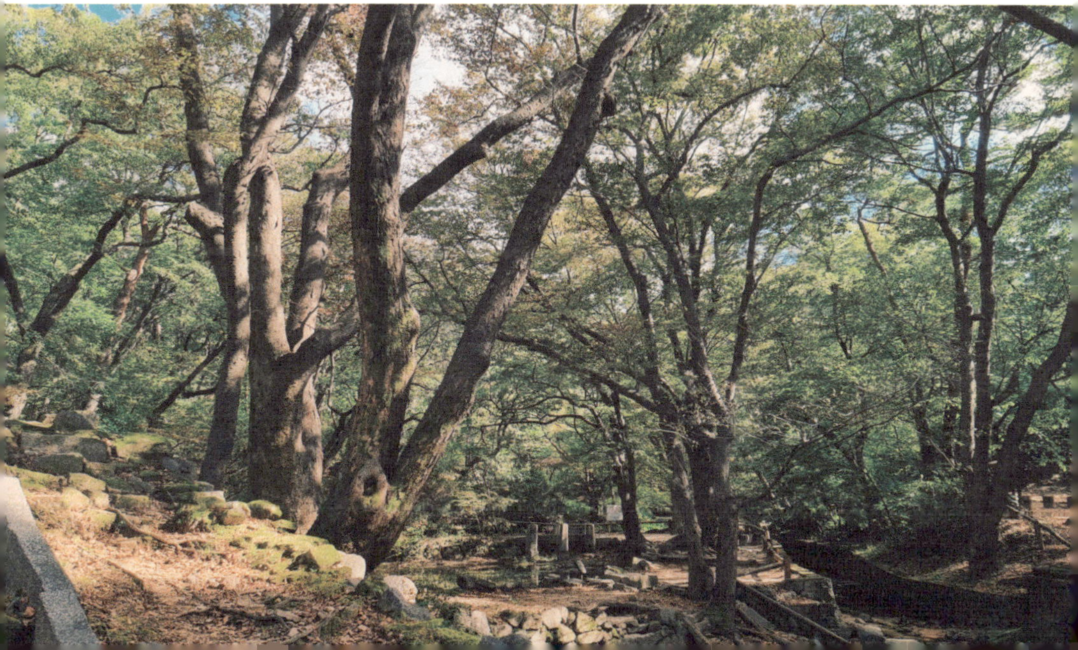

정원을 구상하고 만들고 가꾸는 것

정원은 정적인 명사가 아니다. 매우 격동적인 동사이다. '정원가'에게 정원은, 구상하고 계획하며 설계하고 조성하는 '창조적 행위의 구심점'이다. 그리고 '자연'에 정원은, 소나기가 함박눈이 되고 꽃이 씨앗이 되는 '순환하는 생명의 터전'이다. 또한, '사람'에게 정원은, 오솔길을 걷고 꽃향기를 맡으며 새의 지저귐을 듣고 녹음에서 잠시 쉬어 가는 '놀이터'이다. 정리하면, 정원은 시간과 식물과 사람과 장소의 상호작용으로 만들어지는 삶의 터전이며 예술이다. 그리고 정원을 구상하고 만들고 가꾸는 행위는 그 자체로 즐거운 놀이이며 창작활동이다.

이러한 창조적 행위의 구심점으로서, 그리고 동사로서 정원은 구상하는 단계와 만드는 단계, 가꾸는 단계로 구성되어 있다. 세 가지 단계의 특성을 오목조목 뜯어보자.

1) 정원을 구상하는 단계
2) 정원을 만드는 단계
3) 정원을 가꾸는 단계

1) 정원을 구상하는 단계

'정원을 구상하는 단계'는 장소성을 기준으로 '특정 장소적' 유형과 '장소 결정적' 유형으로 세분할 수 있다. 먼저, 특정 장소적 정원은 땅이 지닌 유일무이한 특성을 활용하며, 대지와 정원의 필연성에서 정원이 성립되는 유형이다. 정원이 만들어지는 배경이 되는 물리적 환경과 문화적 맥락이 정원 구상의 첫 단추가 되는 접근법이다.

반면, 장소 결정적 정원은 정원이 자리 잡게 되는 땅을 백색의 도화지로 인식한다. 이 접근법은, 땅이 지닌 고유한 특성이 옅을 때 적용할 수 있는데, 정체성이 흐릿한 땅에 정원을 조성함으로써 고유한 장소성을 새로이 부여하는 방법이다.

두 가지 접근법을 정리하자면, 다음과 같다. 장소가 정원의 특성을 결정하는 '특정 장소적 유형'은 땅에서 영감을 얻는 '발굴적 접근법'이고, 정원이 장소에 특성을 부여하는 '장소 결정적 유형'은 땅의 존재감을 새로이 만들어 주는 '이식적 접근법'이다. 이 두 가지 유형을 서로 상보적으로 활용할 때, 비로소 좋은 정원을 만들 수 있다.

이렇듯 땅과 정원의 관계성도 중요하지만, 결과적으로 누구의 정원이 될지가 가장 중요하다. 개인, 가족, 혹은 손님과같이 다양한 모임과 공동체의 정원이 될 수 있기에, 그들의 기호를 잘 알아야 한다. 특히, 정원을 만드는 주체와 정원의 주인이 같은 '나의 정원'일 경우는 나의 기호를 알아야 한다. 이러한 정원 만들기는 자신의 정체성을 찾는 '자아 탐구의 즐거운 여정'과도 같다.

전주한옥마을에 있는 소품점 '바느질하는 진메'의 정원이다. 정원을 구상하는 단계에서는 실질적인 정원의 구성요소인 식물을 먼저 떠올리게 된다. 그렇게 정원의 가장 기초적이고 원시적인 형태가 드러나는데, 그것은 바로 화분의 나열이다. 바느질하는 진메의 정원은 그러한 정원의 원시성을 잘 보여준다. 의도와 의도 없음의 기분 좋은 경계에서 저마다 다양한 초화가 심어진 화분이 응집된 모습이 인상적이다.

2) 정원을 만드는 단계

 정원을 구상했다면 이제 정원을 직접 만들어 갈 차례이다. 하지만 '정원을 만드는 단계'를 구상하는 단계와 뚜렷하게 구분 지을 필요는 없다. 오히려 구상과 만들기의 단계적 경계가 모호할수록, 다양한 고민과 경험을 거칠 수 있고, 결과적으로 더 좋은 정원을 만들 수 있기 때문이다. 여기서 정원을 만드는 단계란, 구상한 목적을 공간 속에서 실질적이고 물리적으로 구현한다. 목적이 분명하고 구상과 계획이 구체적일수록 만드는 단계가 손쉽고 시행착오가 적다. 하지만 계획은 어디까지나 계획이다. 땅을 다듬고, 나무를 찾아 심고, 씨를 뿌리는 과정에 무척 다양한 변수가 발생할 수 있다.

동탄 롯데백화점의 테라스 정원이다. 이 정원은 많은 사람이 생각하는 정원의 전형을 보여준다. 불호가 없는 풍성하고 아름다운 형형색색의 꽃이 피어난 정원이다. 많은 사람은 정원을 구상하는 단계에서 이러한 정원을 상상한다. 마치 꽃다발과 같은 정원을 그리는 것이다. 즉, 정원의 절정인 만개의 순간을 꿈꾸며 정원을 구상한다. 물론 봄의 만개가 정원의 주된 모습이지만, 절대 정원의 전부는 아니다.

낙화하고 낙엽 지는 정원도 있음을 명심하자. 그리고 꽃이 없고 낙엽 진 모습도 충분히 아름답다는 것을 알아야 한다. 그래서 겨울에 아름다운 정원이 가장 아름다운 정원이다. 만개는 낙화라는 이면이 있고 둘 다 매우 아름답기에, 정원의 절정과 별개로 정원의 다양한 모습을 이해하고 그 변화가 드러내는 아름다움을 이해해야만 사계절 아름다운 정원을 구상할 수 있다.

그래서, 정원이 만들어지는 현장에서 발생하는 다양한 변수에 대응하며 본래의 목적을 유지하고, 제한사항을 극복하고 포용하는 태도가 중요하다. 특히, 현장을 세세하게 드러내고 이해하는 과정에서, 기존 구상의 긍정적 변화를 끌어낼 수 있는 것이 중요하다. 정리하면, 구상이 공간 속에서 실체화되기까지의 다양한 사건을 겪으며, '과정적으로 정원의 거의 모든 것을 깊게 이해할 수 있는 단계'가 바로 정원을 만드는 단계이다.

정원을 만드는 단계는 정원의 부속품과 재료를 수집하고 정원의 구상에 맞춰 심고 짓는 것이다. 위의 사진은 미니 정원으로, 큰 정원을 만드는 과정을 시공간적으로 압축해서 쉽게 체험할 수 있다. 정원을 만드는 단계를 손쉽게 구상대로 하기 위해서는 화분에 초화를 심는 것에서 시작하여, 협소 정원 그리고 너른 마당의 정원까지 작은 크기에서 큰 크기로 차근차근 체험해 보는 것이 좋다.

처음부터 큰 정원을 구상하고 만드는 것은 전문가가 아닌 취미인에게는 무리가 있다. 그래서 정원 전문가의 조언이 필요하다.

3) 정원을 가꾸는 단계

마지막으로, '정원을 가꾸는 단계'를 알아보자. 여기서 중요한 점은, 정원에는 '완성'이라는 명시된 기준점은 없다. 물론, '감상'을 기준으로, 본래에 목표한 완성도에 도달하는 시점을 통상 정원의 완성 시점과 동일시 한다. 하지만, 감상할 만하지 못하다는 이유로, 정원이 정원의 성격을 잃는 것은 아니다. 정원은 감상이 전부가 아니다. 정원을 정원으로써 완성되게 하는 것은 감상이 아닌 다른 것, '정원을 가꾸는 행위'이다.

행위가 핵심이고 행위로 이어지게끔 하는 인식과 동기가 중요하다. 공간을 이용하는 사람들의 인식과 행위가 장소성을 결정한다. 야생의 숲도, 들판도 생각하기에 따라 정원이 될 수 있다. 이것은 자연풍경을 마당으로 끌어들여, 너른 산과 강을 정원 삼아 풍류를 즐긴 선조들의 '차경'과 같은 이치이다.

정원에 대한 생각

동탄의 정원이 아름다운 카페, '카페인중리'의 숲속 정원이다. 이 정원은
숲과 맞닿은 정원으로, 숲과 정원의 경계가 모호하다. 그래서 경관적으로나
기능적으로나 생태적인 정원으로, 특별히 가꾸지 않아도 알아서 유지관리가
되는 정원이다. 중부지방 숲의 특색을 느껴 볼 수 있는 매력적인 숲 정원이다.

다시 동탄 롯데백화점의 테라스 정원이다. 이 정원은 정원의 전형이다.
화려한 대신, 계절마다 유지관리가 필요하다. 물론, 유지관리의 과정을 즐길
수 있다면 무엇보다 즐거운 원예 취미와 기술을 뽐낼 수 있는 정원이다. 다만,
유지관리를 간과한다면 일회성의 소모적인 정원이 될 수 있다. 지속가능하지
못하다는 말이다. 반면 앞서 소개한 '카페인중리'의 정원은 비교적
지속가능하다고 할 수 있다.

이렇게 정원을 가꾸는 단계에서는 유지관리에 대한 견해 차이로
지속가능함에 초점을 두는 생태적 정원과 원예 기술과 취미에 초점을 두는
예술적 정원으로 나뉠 수 있다. 다만 주의할 점은, 흑백논리처럼 둘을 나눌
수는 없다는 것이다. 지속가능한 정원도 충분히 예술성을 가질 수 있고
예술적 정원도 충분히 생태성을 논할 수 있기 때문이다. 그래서 두 유형을
상호보완적으로 활용하는 것이 중요하다.

정원에 대한 생각

이렇듯, '인식에서 비롯된 가꾸는 행위'가 정원의 시작점이 된다. 녹음이 가득한 정원을 목표로 호두나무를 심었다고 가정해 보자. 그 작은 묘목을 건강한 성목이 될 수 있도록 가꾸는 행위가 이어진다면, 그것은 녹음을 만들지 못하는 작은 묘목만 있는 단출한 공간일지라도 이미 어엿한 정원이다. 가꾸는 것 자체가 놀이이고 가꾸는 행위에서 즐거움이 발한다면, 그것보다 중요한 정원의 완성·성립 조건은 없다.

목표하는 모습까지 도달하는 과정에서, 미래에 완성될 정원의 모습을 꿈꿀 수 있기에, 오히려 완성된 정원보다 미완의 정원이 큰 즐거움을 준다.

좋은 정원가는,
계속해서 다양한 변화를
시도할 수 있는 정원을
계획하며, 주인 혹은
감상자가 정원에 적극적으로
개입할 수 있는 기회를
제공하고자 노력한다.
특히, 정원을 가꾸는 행위의
즐거움을 극대화하는 방법을
고민한다.

화성시 소다미술관의 정원이다. 폐목욕탕 터를 정원화한 소다미술관의 정원은 미완성의 미학이 돋보인다. 듬성듬성 심어진 가녀린 초화들은 폐허의 잔해를 극복하거나, 활용하거나, 의지하며 자라날 것이다. 그렇게 초록 공간이 채워져 나갈 것이다. 이러한 일련의 변화와 성장 과정을 감상할 수 있는 미완의 정원은 정원 가꾸기의 백미이다.

정원을 가꾸는 단계는 흥미와 즐거움에서 비롯된 관심과 애정이 필요조건이다. 다시 강조하지만, 정원은 납작한 풍경화가 아니다. 정원과 사람은 서로의 관심과 개입이 필요하며, 상호 소통하며 완성된다.

정원디자이너 문현주는 정원 디자인의 단계를 일곱 가지로 정리했는데, 다음과 같다.

첫째, 정원의 용도를 생각.
둘째, 정원의 유형을 선택.
셋째, 부지의 조건을 조사.
넷째, 땅 가름을 시작.
다섯째, 필요한 구조물을 계획.
여섯째, 정원수를 디자인.
일곱째, 시설물로 장식.

이때 중요한 점은, 정원을 구상하고 만들고 가꾸는 모든 단계는 '사람을 필두로 자연과 공간이 장소로 버무려지는 하나의 연속적 과정'이다.

이러한 연속적 과정은, 수많은 관람자가 정원에 방문하며 오랜 시간 존속될 정원의 긴 세월에 비하면 매우 짧은 과정이다. 그래서, 정원을 구상하고 만들고 가꾸는 모든 과정은, 정원의 내일을 압축하여 찰나로 영원을 만드는 것과 같다. 그러므로 더욱 정성을 가해야 한다.

다시 기흥의 정원이 아름다운 카페 '카페인가'의 가을 풍경이다.
이 정원은 아주 고전적인 토피어리 디자인을 보여주는데, 고전적이라고 해서
촌스럽거나 진부한 것이 아님을 알 수 있는 귀한 사례이다. 오래된 정원은
당연히 그때 그 시절의 가치관을 따르고 있다. 그 미적 가치관은 시대를
초월할 수도, 퇴색될 수도 있다.

모더니즘 시절의 토피어리 정원은 앞서 소개한 소다미술관의 정원과 달리,
구획되고 역할이 정해진 나무의 배치가 돋보인다. 그 꽉 찬 인상이 특색이다.
'요즘 정원'과 비교해서 레트로의 미학을 다시금 느껴볼 수 있는 정원으로,
고전적인 가꾸기 방법이 드러내는 매력이 돋보인다.

2장
좋은 정원에 대한 제안

2장에서는,
좋은 정원이 되기 위한 정원의 일곱 가지
기준과 생태디자인의 세 가지 원칙을
제안한다.
그리고 공간과 시간이라는 두 가지 정원
디자인 접근법과 정원이 표상해야 할
자연미에 대해 살펴본다.

세종식물원의 지중해 정원 풍경이다. 늦은 오후의 노란 햇살과 분수의 반짝이는 윤슬이 돋보인다.

좋은 정원에 대한 제안

정원의 일곱 가지 기준

더욱 특별하고 뜻깊은 정원을 구상하고 계획하는 단계에서 도움이 될 만한 '정원의 일곱 가지 기준'을 제안한다. 이어지는 일곱 가지 기준은 좋은 정원을 만들기 위해 고민해 볼 만한 가치가 충분한 주제이다.

1) 고유한 장소성을 간직한
2) 주변과 맥락을 같이하는
3) 복합적 기능을 수행하는
4) 생태적 역할을 수행하는
5) 예술로서 독보성을 가진
6) 관람자 요구에 탄력적인
7) 유지관리가 쉽고 즐거운

1) 고유한 장소성을 간직한

정원은 특정한 '땅'에 만드는 것이고 모든 땅에는 고유한 이야기가 담겨있다. 결국, '정원을 만든다'는 곧, 그 땅에 자리해 온 것과의 '관계 맺기'이고 있었던 것과 새로운 것을 필연적 갈래로 '엮어내기'이다. 독창적이고 필연적인 정원의 서사는 그 장소의 기억을 계승할 때 가능하다. 장소의 배경에 대한 인문적, 자연적 이해를 바탕으로 정원을 구상하면, 그곳에서만 가능한 고유한 정원을 만들어 나갈 수 있다.

> 좋은 정원가는,
> 공간을 장소로
> 만들며 새로운 활기를
> 불어넣는다.
> 그리고 대지의 특성을
> 읽어내리며
> 이곳에서만 가능한
> 정원을 생각한다.

제주 섭지코지에서 성산일출봉을 바라보는 유민미술관의 회랑 정원이다.
미로와 같은 정원의 현무암 돌담에 좌우로 긴 구멍이 뚫려있다.
그 너머로 제주도의 성산일출봉이 보인다.
이곳은 성산일출봉을 바라보는 가장 드라마틱한 장소가 되었다.
섭지코지에서만 가능한 정원이다.
장소의 고유성을 간직하고 경관의 특성을 활용한 아름다운 정원,
제주도에 간다면 꼭 방문해 보기를 추천한다.

좋은 정원에 대한 제안   107

2) 주변과 맥락을 같이하는

정원은 특정한 공간을 점유하며 누군가의 소유물이 되어 폐쇄적인 장소가 되는 것이 통상적이지만, 거리의 녹색 경관을 만드는 데 일조하며, 나아가 개방된 정원이 될 수도 있다. 결국, 정원은 주인이 원하든, 원하지 않든 주변환경과 맥락을 공유한다. 작게는 거리의 풍경부터, 크게는 도시의 녹지 연결망까지 영향을 준다.

좋은 정원가는,
정원의 독립성에만 초점을
두지 않고
전체 경관에 이바지하는
요소로서 다루며
주변환경과 조화롭게 얼개를
함께하는 정원을 만든다.

이곳은 수원 화성이 감싸고 있는 마을, 행궁동에 있는 어느 세탁소이다.
정겨운 거리의 세탁소는 다양한 화분을 늘어놓았다.
앞서 소개한 '바느질하는 진메'의 정원과 같은 '화분들의 정원'이다.
주변 거리와 맥락을 함께하며 행궁동 행리단길에 녹아드는
자연스러운 보행로 위의 정원이다.

3) 복합적 기능을 수행하는

정원은 바라보며 즐기는 것을 넘어서 그 자체로 다양한 기능을 가질 수 있고, 휴게 공간과 녹색 공간이 소중한 도심에서는 정원이 다양한 기능을 수행해야만 한다. 오프라인 상업 공간의 요구를 충족하거나, 브랜드 이미지 형성에 이바지함은 기본이다. 휴식과 교류, 창조적 행위를 유도하고 포용하는 '장'으로서 확대될 수 있는 현대의 정원은 복합적이고 다채로운 가치와 정보, 그리고 서비스를 제공한다.

> 좋은 정원가는, 정원에 다양한 기능을 부여함으로써 정원의 외연을 확장한다.

오산 맑음터공원에 있는 경기정원박람회의 작가정원, '이파리의 삶'이다. 특이하게 생긴 이 정원은 조형물이면서 파고라이면서 놀이터이자 정원이다. 벌레 먹고 낙엽 진 늦가을의 이파리를 모티브로 디자인된 정원의 조형물은 정원의 제목 그대로 이파리의 삶을 그려낸다.

이파리의 말로가 주는 가을의 쓸쓸함과 깊은 여운을 녹슨 코르텐강으로
전달한다. 아이들에겐 놀이터가 되고 멀리서 바라보면 조형물이 된다.
다양한 기능을 동시에 품어내는 작품으로, 좋은 정원이 가져야 할
다기능성을 담아냈다.

4) 생태적 역할을 수행하는

생태 우호적 정원은 선택이 아닌 필수이다. 이용 편의성과 생태적 기여를 동시에 추구하는 것은 가능하며, 정원의 규모와 상관없이 생물종다양성과 온전한 수 순환 복원에 이바지하는 녹색 장소가 되어 지속가능한 발전의 주요한 공간적 최소 단위가 될 수 있어야 한다. 생태적 측면에서의 교훈적이고 교육적인 정원은 정원 미학과 함께 정원의 존재 가치를 설명하는 중요한 근거가 된다.

> 좋은 정원가는, 편의성과 생태성 상호 간의 상보적인 시너지가 일어날 수 있는 접점을 찾고자 노력한다.

광화문 KT사옥 아래 '디지코 정원'의 뮬리 언덕이다. 지하 주차장 진·출입 구조물 지붕을 들판으로 활용한 매우 아름답고 실용적인 도심 속 정원이다. 광화문의 마천루 빌딩 숲속 탁 트인 바람길이자 녹색 들판이 되어주는 정원이다. 존재 자체로 회색 도시의 열섬 현상을 완화해 주고 시민들에겐 녹색의 친자연적 공간을 내어준다.

인천 아라센트럴파크에서 개최된 LH가든쇼의 작가정원, 'Balancing Nature'이다. 숲과 나무가 그리는 그림자가 인상적이다. 이 정원은 바넷뉴먼Barnett Newman의 추상화처럼 숲을 비춘다. 녹이 슨 코르텐강 사이의 틈으로 숲을 바라볼 수 있고 철판에는 숲을 이루는 나무들의 그림자가 클리포드스틸Clyfford Still의 추상화처럼 사선의 무늬가 되어 내려앉는다. 정원을 이루는 조형물은 숲을 바라보는 새로운 시선을 보여주고 숲의 그림자가 그려낸 추상화를 보여준다. 예술로서 독보성을 가진 이 정원은 시시각각 변하는 그림자가 아름다운 정원이다.

5) 예술로서 독보성을 가진

정원은 구상하고 가꾸고 감상하는 모든 과정에서 다분히 예술적 성격을 띠며, 미적 체험을 가능하게 한다. 이러한 미적 체험에서 비롯된 즐거움은 정원의 존재 가치이다. 정원을 통해 사람은 자연에 심미적 감정을 이입하며, 자연의 친근함을 경험하고, 애착을 갖게 된다. 이러한 점에서, 예술로서의 정원은 생태적 설계의 중요한 방법론이 되기도 한다.

좋은 정원가는,
개별 작품으로서,
정원의 미적 독창성에
초점을 두며
정원에 실존적 특성을
부여하고자
창조적 디자인을
적용하기 위해
노력한다.

6) 관람자 요구에 탄력적인

요즘 정원은 개인의 사적 소유물에서 나아가 다양한 매장, 혹은 공유 공간에 조성됨으로써, 손님 혹은 이용자에게 제공되는 편의 시설이자 콘텐츠가 되었다. 즉, 일정 범주 내에서 불특정 다수가 이용하는 '요즘 정원'은 다양한 요구에 섬세하고 다채롭게 대응할 수 있는 즐길 거리가 필요하다.

여의도공원에서 개최된 서울정원박람회의 작가정원 '피크닉을 즐기는 N 가지 방법'이다. 이 정원은 앉아서 쉴 수 있는 탁자와 평상 등 정원을 즐기는 다양한 행태를 수용한다.

여러 가지 시설물로 정원이 구성되었기에 가능한 것이다. 관람자의 요구에 탄력적인 이 정원은 정원의 이용적 측면을 극대화한 좋은 사례이다.

좋은 정원가는,
시간과 계절에 따라 변화무쌍한 정원의
특성을 살려, 이용성과 환경적 변화에
탄력적으로 대처할 수 있는 설계를
구상하고, 주변 맥락과 함께하는
콘텐츠로 향유될 수 있도록 정원 공간
안에 다양한 프로그램을 담아낸다.

7) 유지관리가 쉽고 즐거운

정원은 크게 구상과 설계, 시공과 조성, 가꾸기와 유지관리라는 세 가지 단계로 나눌 수 있다. 이때, 가꾸기의 즐거움과 유지관리의 편리함은 정원이 정원으로서 사랑받고 오랜 시간 지속할 수 있도록 하는 중요한 조건이 된다. 즐거움과 편리함은 정원의 놀이적 측면과 실용적 측면이며 쉽지만 지루하거나, 즐겁지만 힘든 양극이 아닌, 서로 적절하게 조화를 이루어 중용을 이룰 수 있도록 설계해야 한다.

경주 월정교 옆 정원이 아름다운 카페 'eyst 1779'의 정원은 정방 기단석이 포인트인 붉은 벽돌 정원이다. 붉은 벽돌이 대부분으로 이루어진 매우 단순한 정원이다. 사용된 식물이라곤 이끼뿐이다. 이렇게 단순한 만큼 유지관리 또한, 매우 쉬울 것이다. 하지만 미적으로, 기능적으로 단조로운 것은 아니다. 벽돌 바닥 한켠에 오래된 듯한 유적과 같은 디딤돌과 섬세한 이끼를 배치하여 충분히 운치 있는 정원이 되었다. 단순하지만 단조롭지 않고, 디딤돌이라는 명료한 포인트를 주어 경주 문화유적지의 정원이라는 매력이 돋보인다.

좋은 정원가는,
가꾸기와 유지관리의 행위를
취미생활의 범주로 종속시키고자,
정원에서 발생하는
'행태'의 유희적 측면에 집중하고
정원이 곧 놀이가 될 수 있도록
고민한다.

필자는 앞서 제시한 일곱 가지 기준을 정원 구상의 접근법으로써 활용한다.

일곱 가지 기준 전부가 조화롭게 반영되고 실현될 수 있는 정원을 만드는 것이 가장 이상적이다. 하지만, 주어진 조건을 고려하여, 일곱 가지 기준의 상호관계와 우선순위를 정하고, 가장 중점적으로 실현할 기준을 선택하여 정원을 만들어 가는 것이 현실적이고 실용적이다. 이러한 접근을 통해 정원 계획의 주제를 정하면, 더욱 손쉽게 정원 구현의 갈피를 잡을 수 있다.

도산대로의 아트스페이스, 미술관송은의 정원이다. 마가목이 있는 정원은
안팎의 부드러운 시각적 연결이 돋보인다.

생태디자인의 세 가지 원칙

정원 디자인은 여타 디자인과 다르게 자연환경과 식물을 주재료로 다룬다. 산과 들, 계곡과 시냇물로 추상화를 그리는 것과 같다. 나아가 정원 디자인은 자연물과 인공물의 조화를 통해, 야생과 사회를 건전하게 연결한다. 이러한 정원의 기여에서 알 수 있듯이, 정원 디자인은 '생태적 사고방식'을 토대로 진행된다. 여기서 생태적 사고방식이란, 요소 간의 관계와 조화에 가치를 두는 생각으로, 지속가능한발전을 추구한다.

정원 구상에서 생태디자인이란, 생태계 보호에 대한 대중의 지속적 관심과 애정에 호소하여 실천을 유도하는 교훈적 디자인이다. 거칠고 낯선 자연을 아름답고 친근하게 보여주는 다큐멘터리의 흥미로운 편집처럼 재미있는 생태디자인이 될 수 있도록, 세 가지 원칙을 제안한다.

1) 낯선 야생을 친밀하게
2) 멀고도 긴밀하게
3) 듣고 만질 수 있게

세종호수공원의 습지섬 일대이다. 마천루가 즐비한 도심을 배경으로 습지의
평온함이 대비된다. 빌딩의 수직성과 습지섬의 수평성 역시 시각적으로
대비를 이룬다. 호수와 육지의 경계선을 연장하기 위해 곶과 만이 생긴
주름진 갈대밭과 잔디 언덕이 인상적이다. 이는 대지예술 자체로도
아름답지만, 물과 뭍을 오가는 양서류를 포함한 다양한 생물체의 서식처
다양화에 큰 기여가 되는 생태디자인이기도 하다. 심미성과 생태성을 함께
추구하는 세종호수공원은 도심 속 생태공원으로서 자연과 시민에게
제 역할을 톡톡히 수행한다.

전주 덕진공원의 덕진호에 있는 정자이다. 습지와 호수로 이루어진
덕진공원의 여름은 아름다운 연꽃으로 사람들의 시선과 관심을 이끈다.
습지라고 하면 축축하고 습한 이미지가 떠오르지만, 덕진호는 아니다.
연꽃이 있기에 사람들로 하여금 아름다운 습지를 보호하고 싶은 마음이
쉽게 피어오르게 한다.

1) 낯선 야생을 친밀하게

생태적으로 건강한 풍경과 인간의 시선에서 아름다운 풍경은 다르다. 때로는 상반되며, 일치하는 것보다 일치하지 않는 경우가 더 많다. 거칠고 낯설고 위협적이며 불쾌한 풍경이 대개 생태적으로 풍요롭다. 인간의 관점에서 익숙하고 안전하며 쾌적한 풍경이 대체로 생태적으로는 빈약하다.

현대 도시에서 살아가는 사람들에게 자연이란, 다큐멘터리 속 환상적인 풍경에 불과하며 자신들의 평화롭고 쾌적한 생활반경에 침투하지 않는 머나먼 존재 정도로 자연을 여긴다. 이렇듯 도시민들에게 생태계가 피상적이고 아득하므로, 당면한 생태적 문제의 심각성을 피부로 느끼기 어렵다. 이러한 자연과 도시의 심리적 이격이 점점 심해지는 것을 막기 위해, 도시와 자연의 생태적 괴리감을 줄이는 것이 바로 정원가의 중요한, 그러나 간과하기 쉬운 역할이다.

도시와 자연의 심리적 거리감을 줄이는 방법으로써 '낯선 야생을 친밀하게' 만드는 디자인이 필요하다. 생각보다 아름답지 않은 야생의 외견에 심미성을 부여하여, 사람들에게 관심을 유도하고 감정을 이입할 수 있도록, '미적 친밀감'을 높이는 디자인이 필요하다. 적절한 미적 연출 혹은 편집을 통해, 도시민에게 도시 밖의 자연이 아름답고 우리가 지켜야만 하는 충분한 가치가 있다는 점을 짙게 호소하는 것이, 현대에 이르러 가장 두드러지는 생태디자인 접근법이다.

2) 멀고도 긴밀하게

　생태계는 생명 활동이 일어나는 장이다. 이러한 장의 유기적 관계와 총체성을 이해하기 위해서는 두 가지 접근법이 필요하다. 먼저, 총체를 이루는 작은 요소 하나하나를 뜯어보자. 각 요소가 결과적으로 어떻게 총체를 이루는지 큰 그림을 그려보자. 결국, 생태디자인은 가까운 거리에서 체험할 수 있는 '미시적 생태계'와 원경에서 견지할 수 있는 '거시적 생태계'_{경관생태학과 유사한}를 함께 다룸으로써 시작된다. 생태계의 미시성과 거시성이라는 양가적 요소를 대조하여, 크고 작음의 차이에서 유기적 관계성이 생성됨을 전달한다. 이것이 바로 '멀고도 긴밀한' 디자인이다.

멀고도 긴밀한 디자인은 작게는 생물 종의 한살이부터 크게는 지구 단위의 수 순환을 보여주고, 생물종과 지리적 환경 사이의 관계를 발견할 수 있도록 유도한다. 전혀 관계성이 없어 보이는 두 요소 사이의 초연결성과 나비효과를 보여주며, 탐구와 발견의 유희에 초점을 두어 자연에 대한 흥미를 고취하고, 다양한 요소가 상호 작용하며 성장하고 발전하는 공간을 만드는 것이 '멀고도 긴밀한' 생태디자인이다.

오산시 물향기수목원에서 본 3월의 설강화이다. 설강화는 겨울을 끝내고 봄을 알리는 꽃이다. 이른 3월 초에 피는 귀여운 설강화가 백합나무 낙엽의 구멍 사이로 올라와 여린 꽃을 피워냈다. 이 작고 여린 꽃은 생태계의 가장 작은 일부분이다. 그 작고 작은 일부분을 들여다볼 수 있어서 물향기수목원은 매우 소중한 곳이다.

3) 듣고 만질 수 있게

듣고 만질 수 있는 디자인은 '적극적이고 입체적인 생태디자인'을 말한다. 정원과 자연은 풍경화가 아니다. 공간으로 직접 들어가 보자. 아무리 생생하게 보여준다고 해도, 시각적 요소가 전부라면 관찰자와 관찰 대상의 거리감만 증폭한다. 그래서 인식적 거리감을 좁히는 가장 확실한 방법은 오감을 동원하여 바라보는 것 그 이상의 교감이 필요하다. 마주치고, 스치고, 속삭이는 생동감 있는 생태디자인은 흥미진진한 현장감을 전달하는 것을 넘어, 동물 혹은 식물의 일상과 삶에 동화해 볼 수 있는 특별한 경험을 제공한다.

이러한 '동화'는 인간 특유의 감정 이입이 생겨나 대상에 대한 애정을 유발한다. 특히, 생태적 원리에 대한 이해를 기반으로, 관찰물의 생애를 이해하고 깊이 공감한다. 일련의 자연에 대한 이색적인 경험은, 인간 중심적 사고관에서 탈피하는 것을 돕고, 결과적으로 생태계에 대한 흥미와 애정을 품게 되어 보전에 대한 의무감을 고취할 수 있다.

하늘이 높아진 9월, 수원시 월화원의 연못에서 새끼 오리들이 어미와 함께
헤엄을 배우고 있다. 중국의 전통 정원인 월화원은 연못의 가장자리를
잔디와 자연스럽게 이어지도록 구성했다. 덕분에 오리가 지내기에
무척 편안한 공간이 되어 이따금 오리 가족을 볼 수 있는 곳이 되었다.

앞서 제시한 세 가지의 생태디자인 원칙은 아름다워야 보호의 필요성을 느끼고 투자가 이뤄지는 현재의 사회 구조를 고려한 방법론으로, 생태성에 아름다움과 즐거움을 결부시켜야만 하는 필요성을 강조한다. 결국, 아름다움이 중요하다는 점에서, 현재의 생태디자인과 생태공원은 '정원과의 협력'이 중요함을 알 수 있다. 정원이 가진 프로그램과 콘텐츠, 그리고 심미적 예술성을 적절하게 활용하는 생태디자인은, 보전과 지속가능한 발전의 메시지를 사람들에게 효과적으로 호소할 수 있다.

좋은 정원가는,
생태적으로 안정된 기반을 조성한 이후에, 시각적으로 아름다운 조형을 시도한다. 정원디자인과 정원예술도 생태적 사고방식을 바탕으로 쌓아나가야 한다.

오산시 물향기수목원의 습지 풍경이다. 물은 정원의 핵심이다. 물은 순환하며 정원을 관통한다. 이러한 물의 흐름은 정원의 젖줄이 된다.

물향기 수목원 습지의 윤슬이 반짝인다. 물은 비가 되어 내리고 나뭇잎을 적시고 땅에 내려앉아 땅속으로 스민다. 스미지 못한 지표수는 계곡진 물길을 따라 흘러 강으로, 바다로 이어진다. 그리고 증발하여 구름이 되고 다시 비가 되어 내린다. 이러한 건전한 물의 순환은 생태계에 있어 매우 중요하다. 정원 역시 건전한 수 순환에 크게 이바지할 수 있어야 한다. 아스팔트를 지나면서 오염된 지표수를 정화할 수 있어야 하고 나무가 물을 먹을 수 있도록 토양으로 물이 최대한 스밀 수 있도록 해야 한다.

전주 덕진공원의 연화정 도서관 연꽃정원이다. 햇살이 뜨거운 한여름 더위 속에 연꽃이 아름답게 피어난다.

정원 디자인 접근법

'정원을 디자인한다'는 곧, 정원의 주제를 정하고 주제를 공간적, 구조적, 조형적, 심미적, 체험적으로 구체화하는 것을 의미한다. 이러한 디자인은 최종적으로 정원의 콘텐츠를 창출한다. 1장에서 서술했듯이 정원 디자인의 가장 기본적인 재료로는 '장소와 나무', '물과 흙'이 있다. 그리고 정원 디자인의 도구로는 '공간과 시간'이 있다. 정원가는 가장 근간이 되는 도구인 공간과 시간을 활용하여 장소와 나무, 물과 흙을 재료로 정원을 디자인한다.

1장에서 재료에 대해 다뤄보았다면, 이곳에서는 도구에 대해 알아본다. 그리고 도구와 재료의 관계에서 정원 디자인의 공감각적 접근법을 제안한다. 먼저, '계획된 조형적 공간' 편에서는 구축적 서사 만들기를 알아보고 다음으로 '우연한 유동적 시간' 편에서는 탈구축적 변화 만들기를 알아보자.

1) 계획된 조형적 공간,
　구축적 서사 만들기

2) 우연한 유동적 시간,
　탈구축적 변화 만들기

1) 계획된 조형적 공간, 구축적 서사 만들기

정원은 지면 위에 만들며, 공간을 점유하고 공간을 누린다. 그래서 정원은 대지예술, 조형예술과 닮았다. 공간은 정원가에게 수동적이고 협조적이다. 공간은 정원가의 설계가 드러나는 장이며 도화지와 같다. 관람자의 행위, 체험, 감상이 발생하는 배경도 공간이다. 결국, 공간은 무대와도 같다.

정원가에게는 도화지, 관람자에게는 무대와도 같은 '공간'을 사람은 몸으로 거닐며 느낀다. 사람은 공간에서 매우 다양한 정보를 얻는다. 비워지는 것과 채워지는 것, 가까운 것과 먼 것, 넓은 것과 좁은 것, 깊은 것과 얕은 것, 높은 것과 낮은 것, 막힌 것과 뚫린 것, 큰 것과 작은 것처럼 물리적인 특성을 파악한다. 또한, 불투명한 것과 투명한 것, 어두운 것과 밝은 것, 명료한 것과 불확실한 것처럼 빛이 관련된 감각을 포함한 후각과 촉각까지 다양한 체험을 수반한다. 그리고 여기서 '인상'을 얻는다. 시원함, 아늑함, 신비로움, 친숙함, 따뜻함 등의 감정이 피어난다.

정원가는 목표한 정원의 주제에 맞는 인상을 전달하고 감정이 피어나도록, 공간을 조형적으로 계획한다. 여기서 조형적 계획은 평면의 점, 선, 면 그리고 입체 조형을 활용하여 공간에 '미적 형식 원리'를 도입한다. 미적 형식 원리는 매우 다양하고 오묘하나, 여기서는 총 11가지로 추슬러 다루고자 한다.

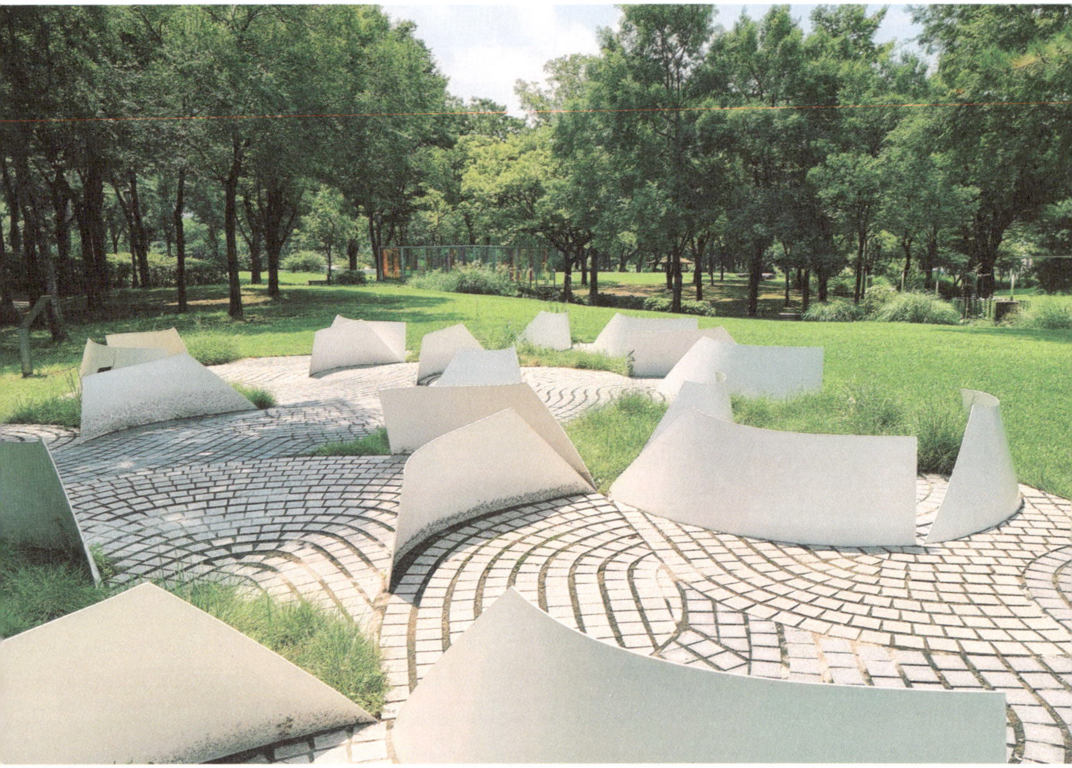

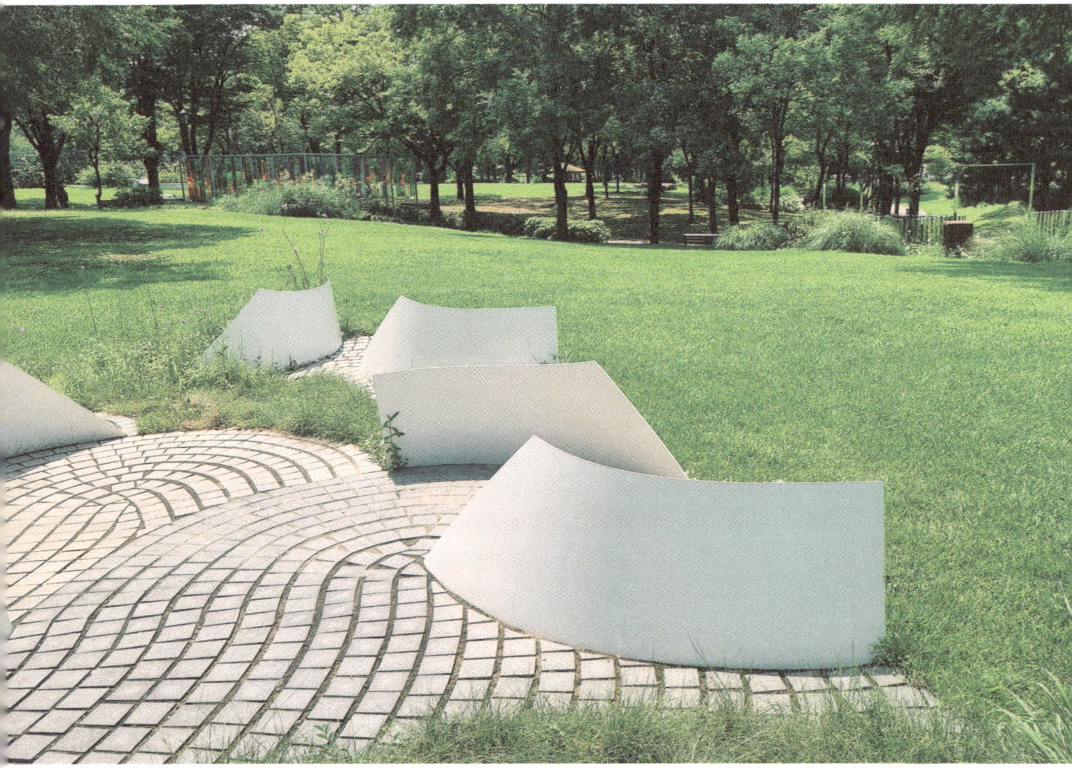

가장 더웠던 여름날, 여의도공원의 서울정원박람회 작가정원, '개인의 피크닉'이다. 개개인이 피크닉을 즐길 수 있도록 나누어진 등받이 조형물의 반복과 리듬감이 인상적이다.

필자는 다양한 형식 원리 간의 관계에 집중한다. 11가지 요소는 결코 독립적인 낱개가 아니다. 서로가 상반되거나 상사한 관계를 맺고 있다. 이 관계를 파악하면, 미적 형식 원리를 더욱 깊이 이해할 수 있다. 본 장에서 필자는 미적 형식 원리 간의 관계성을 다음과 같이 세 가지 군으로 분류하여 제시한다.

(1) 차이성의 작용 : 비형식, 비대칭, 대비, 강조
(2) 유사성의 작용 : 반복, 균형, 조화
(3) 동일성의 작용 : 통일, 대칭, 율동, 동세

좋은 정원에 대한 제안   137

선선한 가을날, 경주의 포석정이다. 유상곡수연의 아름다운 곡선을 볼 수 있다.
신라의 화려함이 묻어나는 유적이자 신라 패망의 잔재로서 쓸쓸함이 짙은 유산이다.

11가지의 미적 형식 원리는 크게 세 가지 작용으로 묶을 수 있다.

먼저, 차이성의 작용이다. 차이성의 작용은 조형 구성요소가 조형적 '다름' 혹은 '차별성'을 드러낸다. 이러한 차이성이 작용하는 미적 형식 원리에는 비형식, 비대칭, 대비, 강조가 있다.

다음으로, 유사성의 작용이다. 유사성의 작용은 조형 구성요소가 조형적 '닮음' 혹은 '근접함'을 드러낸다. 이러한 유사성이 작용하는 미적 형식 원리에는 반복, 균형, 조화가 있다.

마지막으로, 동일성의 작용이다. 동일성의 작용은 조형 구성요소가 조형적 '동일함' 혹은 '같음'을 드러내며 다수의 요소를 하나의 새로운 개체로 묶어서 생각한다. 이러한 동일성이 작용하는 미적 형식 원리에는 통일, 대칭, 율동, 동세가 있다.

(1) 차이성의 작용 : 비형식, 비대칭, 대비, 강조

'비형식'

차이성의 작용에 속한 형식 원리를 대표하는 것은 '비형식'이다. 우리는 복수의 개체들 사이에 동일하거나, 닮거나, 반복되는 요소가 없을 때, 특별한 형식성을 발견하지 못한다. 이러한 조형 원리가 비형식이다. 비형식 원리는 뒤이어 언급될 모든 미적 형식 원리 중, 가장 우연적이고 자유분방하다. 대개 비형식은 특정한 의도를 흐려 작위성을 감추고, 인조성을 완화하기 위해 활용된다. 자연 본연의 자연스러움을 표방한다.

좋은 정원가는,
비형식을 활용하여
자연풍경에서 볼 수 있는
편안하고 자유로운 인상을
정원에서 연출한다.
무위적인 자연스러움을
연출하는 비형식은
모든 미적 형식 원리를
무작위로 중첩해야 하므로,
가장 어렵고 방대한
시각적 정보량이 필요하다.

여름이 꺾이던 8월 말, 담양의 소쇄원 계곡이다.
조선을 대표하는 전통 정원으로, 소쇄원은 자연 계곡을 정원으로 빌렸다.
죽림 사이로 깊은 계곡이 아늑하면서도 신비롭게 느껴지는 풍경이다.
자연 그대로를 표방한 비형식이 잘 드러나는 장소이다.

'비대칭'

비대칭은 대치되는 두 개체가 조형적으로 다른 특성을 보여서 대칭성이 성립되지 못할 때 발현한다. 비대칭은 두 개체를 비교하는 시각적 흐름을 유도하기 위해 활용된다. 즉, 특정한 메시지를 전달하는 가장 기초적인 미적 형식 원리이며, 대칭을 기준으로 은은한 비대칭부터 과감한 비대칭까지의 스펙트럼이 존재한다.

좋은 정원가는,
비대칭을 활용하여 지루함을 지양하되, 대비와 강조보다는 편안하고 부드러운 변화를 연출한다.
특정한 시각적 메시지를 전달하기 위해 명료한 비대칭을 활용한다.

제법 쌀쌀해진 가을날, 동탄 여울공원의 경기도 작가정원 '신작로의 꿈'이다. 정원 중앙의 철로를 기준으로 좌측에는 그라스류가 있고 우측에는 측백나뭇과의 푸르른 나무가 줄지어 서 있다. 철로가 기준점이 되어 좌우의 비대칭이 아름답게 드러나는 작품 정원이다.

'대비'

대비는 대치되는 두 개체가 서로 극명한 차이점을 드러낼 때 성립되는 미적 형식 원리이다. 비대칭은 덜함과 더함의 차이에서 시선의 흐름을 유도한다면, 대비는 양극의 차이를 드러내서 각각의 특성을 동시에 강조한다. 그래서 대비는 대치되는 두 개체에 대해 평등하다. 특히, 두 개체의 상보성을 나타내기도 한다. 음과 양, 물과 불, 상승과 하강처럼 상보적이고 순환적이고 양가적이고 등가한 양자의 야누스적인 차이점을 보여준다.

좋은 정원가는, 대비를 활용하여 양극단의 두 개체를 함께 제시함으로써 두 개체가 내포한 물성에 대한 깊은 이해와 고찰을 가능하게 한다.

단풍이 절정이던 날, 용인에 있는 호암미술관의 전통 정원 희원의 토담과 단풍나무의 모습이다. 토담의 부드러운 질감과 단풍나무의 활기찬 이파리가 서로 촉각적 대비를 이룬다. 또한, 강한 채도의 단풍잎과 연한 채도의 토담이 색채 대비도 이룬다. 대비가 강조되어 더욱 아름다운 정원이 돋보인다.

'강조'

강조는 대비와 다르다. 대비는 대치되는 두 개체에 평등하지만, 강조는 불평등하다. 오히려 강조는 비대칭과 닮았다. 대치되는 두 개체 간의 더하고 덜함을 비교하여, 둘 중 하나의 개체로 시선을 모은다. 다만, 강조가 비대칭과 동일한 것은 아니다. 비대칭은 고기압이 저기압으로 흐르듯 시선의 흐름을 선적으로 유도한다면, 강조는 두 개체 중에서 한 가지를 선택할 정도로 강제적인 시선 집중이 있어야 한다.

좋은 정원가는,
강력한 메시지를 전달하고
명료한 주제를 표현할 때
강조를 활용하여 공간적,
조형적 구심점을 드러낸다.

바다가 시원했던 여름, 제주 서귀포 산방산 옆 정원이 아름다운 카페, '엘파소'의 정원 풍경이다. 엘파소의 정원은 담장의 정원이자 노란 미로의 정원이다. 담장 사이에 뚫린 구멍으로 산방산의 자락이 돋보인다. 산방산이 강조될 수 있도록 시선의 초점을 모아주는 담장의 디자인이 인상적이다. 또한, 노란 담장 덕분에 산방산의 푸르름이 대비되어 산방산의 짙은 생명력이 강조된다.

좋은 정원에 대한 제안   147

(2) 유사성의 작용 : 반복, 균형, 조화

'반복'

반복은 차이성과 동일성을 모두 지닌 두 개체가 다수로 나열될 때 성립한다. 흰 바둑돌과 검은 바둑돌은 색이 다르다. 그러나 형태는 같다. 이러한 두 개체가 복수로 나열되면 반복이 성립된다. 만약, 흑돌과 백돌이 각각 하나씩 있다면 이것은 대조이다. 사실, 백돌만 나열되어도 반복이 성립한다. 바둑돌 사이의 간격이 바둑돌이 있는 지점과 없는 지점으로 인식되어 차이성이 발생하기 때문이다. 결국, 반복은 인식론적이다.

좋은 정원가는,
반복을 활용하여
예측할 수 있는
안정감을
공간에 연출하고
박자감을 입혀
공간의 단위와
기준점을 제시한다.

인천 아라센트럴파크에서 개최된 LH가든 쇼의 작가정원, 'before sunset'
이다. 이 정원은 패턴과 반복의 백미를 보여준다. 스테인리스와 석재 마감이
교차하며 직선의 줄무늬 패턴을 이루는데, 스테인리스는 푸른 하늘을 반사하여
몽환적인 분위기를 선사한다. 또한, 경계가 분명한 바닥 페이빙과 대비되는
식물 요소의 부드러운 질감이 강조되기도 한다.

인천 아라센트럴파크에서 개최된 LH가든쇼의 작가정원, '자연으로 돌아오는 시간, 회원'이다. 이 정원의 출입문은 마치 담장이 비스듬히 열린 형태를 취하는데, 공간적 진출과 후퇴, 회전이 균형을 이루어 정원의 안과 밖을 균등하게 연결한다. 특히, 공간의 흐름, 시퀀스 경관을 만들어낸다. 균형의 미가 돋보이는 조형물이다.

좋은 정원가는,
상반되는 개체에 개연성을
부여하고자 균형을 사용한다.
즉, 개체마다의 특성을
유지하되, 모든 것을 포괄하는
주제로 한데 엮을 때,
균형을 활용한다.

'균형'

균형은 비례와 동일하고 무게중심을 맞추는 것과 같다. 더한 것과 덜한 것 사이의 관계를 조형적으로 드러낸다. 그래서 비대칭과 대칭을 모두 포괄한다. 비대칭과 대칭은 대치되는 두 개체뿐이지만, 균형은 두 개체를 조율하는 제3의 개체가 추가된다. 균형은 서로 다른 개체의 차이점을 유지하는 동시에, 통일성을 추구한다.

'조화'

조화는 '균형'과 '비형식' 사이 지점에 존재한다. 균형보다는 다채로운 형식을 포용하되, 형식이 느껴지지 않을 정도로 산만하지 않다. 다르게 표현하면 균형처럼 단순하게 주제를 전달하지 않지만, 비형식처럼 주제 의식이 없는 것도 아니다. 그래서 조화는 주제의 유무로 비형식과 상반되며, 주제를 전달하는 모든 미적 형식을 포괄한다. 또한, 조화는 차이성과 동일성이 혼존하는 형태로, 중용적 자세를 취한다. 그래서 조화는 통일과 다르다. 가지런하다고 조화가 아니며, 깔끔하다고 조화가 아니다. 조화는 균형이 심화한 원리로, 다채로운 개체의 관계에 필연성을 부여한다. 이러한 점에서, 조화를 창출하거나 지각하기 위해서는 생태적 사고방식이 요구된다.

다시 동탄 롯데백화점의 테라스 정원이다. 정원에 배치된 초록색 의자가 초록 식물과 색감적 조화를 이루어 낸다. 서로 닮은 상사성이 돋보이는 장소이다. 덕분에 인공물이 자연물과 부드러운 조화를 이루어 넉넉한 개연성이 돋보이는 정원이 되었다.

좋은 정원가는,
지루함과 산만함 사이의 중용적 아름다움을 지키고
조형적·심미적 필연성을 부여하기 위해 최종적으로
조화를 사용한다.

좋은 정원에 대한 제안

(3) 동일성의 작용 : 통일, 대칭, 율동, 동세

'통일'

통일은 다수의 개체가 서로 차이점을 갖지 않고 온전히 동일한 상태일 때 발현된다. 즉, 다수의 개체에 통일을 적용하면, 개체의 집합이 아닌 하나의 패턴으로 인식된다. 이것은 스케일의 문제로 이어지는데, 셀 수 없이 많은 모래알이 모래사장을 이루는 분자가 되듯, 통일을 활용하면 작은 것의 집합을 통해 한 단계 큰 차원의 개체를 만들 수 있다. 그리고 지루함과 산만함을 조절하기 위해 반복을 활용하는 것과 유사하게 통일을 사용한다. 이때, 통일은 적용 범주를 넓힐수록 단조로워진다. 조화가 적용 범주를 키울수록 조화로워지는 것과 대조된다.

좋은 정원가는,
동일한 개체군을
하나의 큰 요소로 묶어,
단순화하거나 산만함을
완화하기 위해, 적정
범위만 통일을 적용한다.

인천 아라센트럴파크에서 개최된 LH가든 쇼의 작가정원, '기화요초, 신성한 숲의 물결'이다. 이 정원은 지면에 여러 단차를 주어 리듬감을 주었는데, 그러면서 동시에 모든 지면을 단일한 붉은 벽돌로 통일하여 시각적 안정감을 잃지 않았다. 모든 재질을 통일해서 자칫 단조로울 수 있었지만, 단차라는 율동감을 함께 부여하여 조화를 이룬 경우이다.

좋은 정원에 대한 제안

'대칭'

　대칭은 엄밀히 따지면 좌우 반전이기에, 유사성의 작용이다. 하지만, 최종적으로 우리는 대칭형에서 동일함이라는 감각을 얻는다. 우리가 대칭을 사용하는 이유도 단정하고 이해하기 쉬운 동일성의 원리를 드러내기 위함이다. 대칭은 넓은 공간을 쉽게 이해할 수 있는 이점과 함께 시각적 편안함을 준다. 우리 인간은 대칭의 신체를 갖고 있기에, 대칭형에서 본능적 익숙함을 느낀다. 특히, 대칭에서는 축의 개념이 중요하다. 대칭축은 그 자체가 조형으로 드러나지 않을 때, 더욱 자연스럽고 지루하지 않은 대칭이 완성된다. 대칭축을 쉽게 가늠하지 못할 때, 대칭 형태의 신비로움이 드러난다. 이러한 '은둔의 축'은 무형의, 가상의 선이 된다.

좋은 정원가는,
대칭을 통해 광활한
공간을 친숙하고
안정감 있는 공간으로
분할하며, 축을
활용하여 주제의
전달력을 높인다.

장맛비가 내리던 한여름, 국립중앙박물관의 대숲 정원이다. 마치 대숲의 한가운데 들어온 기분이 든다. 대나무들은 저마다 큰 화분에 심겨 있는데, 화분은 길을 기준으로 양옆으로 쭉 이어져 있다. 덕분에 대나무의 줄기는 가늘고 촘촘한 열주가 되어 회랑의 느낌을 준다. 또한, 길을 기준으로 강한 대칭감을 주어 공간의 깊이감을 부여한다. 대칭은 시각적 안정감을 줌과 동시에 길게 반복될 시, 공간의 심도를 연출할 수 있게 된다.

'율동'

율동은 반복이 심화된 형식이다. 반복 요소가 두 가지 이상 중첩되어 더는 반복되는 개체로 인식되지 않고, 전체적 선율로 느껴질 때, 반복은 율동으로 변한다. 시계와 음악의 차이이며 메트로놈과 악곡의 차이이다. 율동은 음악과 같아서, 한 방향에서 시작하여 다른 방향으로 흘러간다. 시선의 흐름을 유도하고 다양한 감정선을 자아낸다.

좋은 정원가는,
공간 속에 율동을
만들어내는 것을 가장 즐겨
한다. 비형식의 자연 속에서
특정한 반복들을 포착하여
아름답게 조율하고
율동으로 승화한다.

다시 인천 아라센트럴파크에서 개최된 LH가든 쇼의 작가정원, '자연으로 돌아오는 시간, 회원'이다. 이 정원에는 통나무 길이 있는데, 사람이 걸어 다니는 길이 아닌, 작은 동물이 걸어 다닐 수 있는 길목이다. 이 통나무 길은 조금씩 각도를 틀어 은은한 율동감을 선사한다. 통나무라는 직선적인 개별 요소를 배치하면서 각도의 틀어짐을 연출함으로써 부드러운 인상을 준다.

좋은 정원에 대한 제안

제주 협재해변 근처의 아름다운 제주 정원, 한형수
정원이다. 둥근 화산석을 크기순으로 배치함으로써
시선의 흐름을 강하게 유도하는 동세를 만들었다.
큰 바위가 작은 모래가 되어가는 풍화의 과정과
작은 모래에서 시작되어 큰 돌이 되는 형성의
흐름이 교차하는 철학적인 동세를 만들어낸 놀라운
정원이다.

'동세'

동세는 율동보다 단순하지만, 반복보다는 다채로운 메시지를 담고 있다. 율동은 선율 자체의 고유한 아름다움을 드러내지만, 동세는 메시지를 전달하기 위한 도구로써 선율을 만든다. 사르트르의 말을 빌리자면, 실존이 본질에 앞서는 것이 율동이며, 본질이 실존에 앞서는 것이 동세이다. 동세는 공간의 성격을 강하고 명료하게 드러내는 방법이다. 이를테면 상승/하강, 왼쪽/오른쪽, 확산/수렴, 시작/종료, 수축/이완, 확장/축소와 같은 물리적 현상을 나타낸다

좋은 정원가는,
동세를 통해 공간을 서술하고 시각적 정보를 제공하고자 노력한다. 동세라는 미적 형식 원리는 '비문자적 언어'와 같다. 그래서 동세는 시각적 상징물이다.

 앞서 소개한 11가지 미적 형식 원리는 독립적으로 사용하지 않는다. 덧씌우거나 중첩하여, 더욱 다양한 원리로 파생시킬 때, 계획한 주제와 연출하고 싶은 인상을 효과적으로 전달할 수 있다.

 정원을 만드는 도구로써 공간은, 정원가가 의도적으로 계획할 수 있는 '조형적 공간'이다. 공간이라는 도구는 매우 구축적이며, 정원가는 공간을 통해 정원의 주제를 풀어낸 서사를 써 내린다. 마치 화가가 구도를 잡듯, 소설가가 플롯을 짜듯 정원가는 공간으로 정원을 구축한다.

한여름날 여의도공원의 서울정원박람회 작가정원, '소풍색감'이다.
바람에 따라 스테인드글라스가 회전하며 각기 다른 공간을 비춘다. 시시각각
변하는 조형성을 가진 매우 복합적인 미적 유형을 가진 정원이다.

좋은 정원에 대한 제안

제주 서귀포 이중섭거리에 있는 이중섭 정원이다.
좌측으로는 돌담 위로 찔레꽃이 피었고,
우측으로는 파초가 시원하게 잎을 펼치고 있다.
아늑하고 따스한 오월의 햇살이 정원의 잔디 뜰을 가득 채운다.

좋은 정원에 대한 제안

2) 우연한 유동적 시간, 탈구축적 변화 만들기

공간에 뒤이어 시간에 관해 서술하자면, 공간을 감상하기 위해서는 행위와 운동, 즉 시간이 필수 불가결하며, 공간은 시간 속에 존재한다. 공간을 지각하기 위해서 시간이 필요하며, 공간은 시간의 흐름을 시각화하는 매개체이다. 그래서, 공간과 시간은 분리 불가능하다.

건축이 '응고된 음악'이라면 정원은 '매우 느린 음악'이다. 정원은 낮과 밤, 여름과 겨울, 개화와 낙화, 나비의 변태, 소나기와 장마, 연못과 시냇물, 바위와 모래 등과 같이 여러 주제가 겹치며 다채로운 범위와 속도로 연주되는 교향곡이다. 이러한 '정원에서의 시간'은 앞서 서술한 '계획된 조형적 공간'에 '뜻밖의 우연한 사건'serendipity을 선사한다. 그래서 구축되고 고정된 '공간의 서사'에 변화를 선사한다.

정원가가 공간이라는 도구로 힘겹게 구축한 것을 짓궂은 시간은 손쉽게 변질시킨다. 하지만, 시간은 소멸의 말로라는 저주와 동시에 찬란한 변화를 가능하게 하는 축복도 준다. 시간은 본연의 우연성과 유동성으로 모든 구축을 무상하게 무너뜨리지만, 긍정적 의미가 더 크다. 경직되고 고착된 것에 숨 쉴 틈을 만들어 준다. 결국, 공간이라는 도구로 만들어낸 것이 모더니즘적이고 수목적이며 아폴론적 이성이라면, 시간이라는 도구로 만들어낸 것은 포스트모더니즘적이고 리좀적이며 디오니소스적 감정이다.

정원가는 시간의 성질을 이용할 수 있어야 하고, 자신이 공간으로 구축한 계획이 시간과 어떠한 상호작용을 맺을지 이해해야 한다. 시간의 특성을 알고 있어야만 시간이 지날수록 무너지는 정원이 아닌, 시간이 지날수록 아름다운 정원을 만들 수 있다.

좋은 정원가는,
탈구축적인 변화를
일으키는데 두려움이 없다.
그리고 시간을 도구 삼아
유기적으로 변화하는
정원을 만든다.

이러한 탈주적인 시간을 이해하고 활용하기 위해, 시간의 세 가지 특성을 알아보자.

(1) 직선 시간
(2) 순환 시간
(3) 경험과 향수로서의 시간

(1) 직선 시간

　직선 시간은 사건이 누적되며 흘러가는 형태의 시간이다. 이러한 직선 시간은 '끝이 무한한 유형'과 '끝이 유한한 유형'으로 다시 세분된다.

사악한 것들이 궁 안으로 들어가는 것을 막는 상상의 동물, 천록이 경복궁의 금천을 지키고 있다. 오랜 시간 한 자리를 지켜온 천록이 대견하고 듬직하게 느껴진다.

먼저, '무한한 직선 시간'은 예측 불가능한 미지의 미래를 가졌다. 정원에서 무한한 직선 시간을 드러내는 대표적 매개체는 나무와 시냇물이다. 앞서 수목성에 대한 단락에서도 언급했지만, 나무는 무한한 존재이다. 생장 환경만 일정하다면 무한하게 삶을 영위할 수 있다.

나무는 아주 오래된 과거의 퇴적과 함께 아주 머나먼 미래를 간직하고 있다. 정원에서 가장 긴 시간을 드러낸다. 이러한 나무의 세월감은 우리 인간의 지각을 초월하는 직선 시간을 잘 나타낸다. 정원에 흐르는 시냇물도 마찬가지이다. 시냇물은 시간뿐 아니라 장소도 초월한다. 시냇물은 모든 시공간을 초월해서 잠시 정원 속에 시냇물의 모습으로 머문다. 우리는 구름, 강, 바다를 거쳐 정원 속에서 가시화된 물의 존재를 통해 '무한함의 찰나'를 견지할 수 있다.

다음으로, '유한한 직선 시간'은 '종료'라는 시점이 있다. 정원에서 유한한 직선 시간은 매우 다양하다. 꽃과 단풍, 직박구리와 잠자리, 그리고 사람이 해당한다. 유한하다고 해서 마냥 덧없는 것은 아니다. 유한하므로 아름답고 애틋하다. 우리가 정원을 찾는 주된 이유는 무한한 직선 시간의 영향권 말고도, 유한한 직선 시간의 영향권에 존속된 가녀린 존재들을 만나기 위해서이다.

사람 역시 유한한 존재로서, 유한함의 아름다움을 잘 안다. 유한하기에, 사라지기 전에 꼭 경험해 보고 싶다.

그래서 어쩌면 나무나 물의 초월성보다
꽃과 단풍의 유한성이 일상에서 더 친근하고 반갑게
사람의 마음을 두드리는 것일지도 모른다.

(2) 순환 시간

　순환 시간은 직선 시간과 달리, 예측이 가능하지만, 무한한 나선형의 시간이다. 예를 들어, 계절과 낮과 밤처럼 일정한 기준점이 있는 시간 유형이다. 정원에서 순환 시간을 드러내는 요소는 다양하다.

　먼저, 하루에 해당하는 낮과 밤을 살펴보자. 달밤에만 꽃을 피우는 달맞이꽃이나 이른 아침 햇살에 피었다 지는 나팔꽃이 해당한다. 서리나 아침 이슬도 마찬가지이다. 특히, 햇빛의 각도와 하늘의 광도 변화를 활용하여 매우 섬세한 음영 변화와 그림자의 율동을 연출할 수 있다. 녹음수 주변 지형의 경사를 활용하여 녹음의 이동을 최소화하거나, 의도적으로 더 멀리 보낼 수도 있다. 이처럼 식물의 생리, 물의 물성 변화, 햇빛의 각도 변화를 활용한다면 하루의 시간 흐름을 가시화할 수 있다. 낮과 밤의 순환을 이해한다면 방향과 각도가 그리는 음영의 마법이 가능하다.

　다음으로, 절기에 해당하는 계절의 순환을 살펴보자. <정원과 나무> 단락에서 다룬 것과 같이, 식물은 온몸으로 계절을 표현한다.

수수꽃다리는 삼삼한 봄바람에 달콤한보랏빛 향기를 실어 보내고,
쑥부쟁이는 쓸쓸한 갈바람에 온화한 연보라색을 덧씌운다.
설강화는 세상 모든 눈을 녹일듯이 하얗게 빛나며,
낙상홍은 세상 모든 것을 얼릴 듯이 붉게 반짝인다.
동백꽃은 지금 내리는 눈이 이번 겨울 마지막 눈임을 검붉게 속삭이고,
수국꽃은 지금 내리는 이 비가 이번 여름 장마의시작임을 파랗게 노래한다.

수원화성 화서문의 동편에 있는 아름드리 느티나무이다. 아마 수원화성과 함께 오랜 시간을 공유한 나무이다. 이렇듯 나무는 직선 시간을 품어 과거에서 현재를 잇고 현재에서 미래로 향해나간다.

172   정원을 읽다

순환 시간은 직선 시간에 반해서 인간적이다. 우리 손으로 붙잡을 수 없는 연속적 시간인 직선 시간크로노스과 달리, 순환 시간은 우리가 예측하고 대처할 수 있는 인간적 시간카이로스이다. 유년기는 되돌아오지 않지만, 봄은 되돌아온다.

계절이 되돌아오듯 다시 재현되고 예측할 수 있는 순환 시간이기에, 정원가가 가장 적극적으로 쉽게 활용할 수 있는 시간 유형이다.

창덕궁 궐내각사의 가을. 책고의 암키와가 황금빛 옷을 입었다. 이 책고의 기와는 봄이면 검푸른 고래 등처럼 빛나고 가을이면 잘 익은 노박덩굴의 열매처럼 노랗게 반짝인다. 계절의 순환 시간이 반영된다.

(3) 경험과 향수로서의 시간

사람은 잊고 있다가도 어떤 장소를 방문하거나 때로는 어떤 향기만 맡아도 과거의 기억을 떠올리게 된다. 그럼, 기억은 사람의 정신에 있는 것일까, 장소·사물에 있는 것일까. 때때로 기억은 사람의 정신에서 사물로 전이되는 듯하다. 사람에게 과거는 자신을 이해할 수 있는 근거가 된다. 그리고 그러한 과거를 품은 장소·사물은 개인의 실존을 간직한다. 결국, 장소와 사물은 자아 형성에 매우 중요하다. 과거의 공간은 자기 이해이며, 현재의 공간은 자신의 위치와 일상이고, 미래의 공간은 가능성을 의미한다.

좋은 정원가는, 기억과 공간의 맞물림을 이해하고, 향수와 전망이 있는 정원을 만들어낸다.

좋은 정원가는,
경험의 누적으로
추억을 만들 수 있어야
하고, 추억이 퇴적되어
향수로 승화될 수 있는
장소에 대해 고민한다.
그리고 추억과 현재를
토대로, 미래의 전망을
제시할 수 있는 정원을
만들고자 노력한다.

<정원과 장소애> 단락에서 서술했듯이, 기억과 공간이 맞물리면 장소가 된다. 그리고 사람은 장소를 통해 자신의 정체성을 확인한다. 서울대학교 김광현 교수는 과거에 내가 머물던 장소, 지금 내가 서 있는 장소, 미래에 걸어갈 장소가 모두 이어진다면 나의 존재가 확인되는 값진 장소가 된다고 말했다.

성수동의 오래된 폐공장이 아늑한 정원 카페로 재탄생했다. 바로 '할아버지공방카페'이다. 오래된 공장 건물에서 풍겨오는 진한 세월의 잔향이 공간을 에워싼다. 가을에 방문해서 향수가 더 낭만적으로 다가온다. 그렇게 오래된 폐공장은 경험과 향수로서의 시간이 충만한 정원이 되었다.

경주, 신라 동궁과 월지의 야경이다. 월지 건너편 숲에서 월지 위에 떠 있는 듯한 임해전을 바라본 모습이다. 과거에는 안압지로 익히 알려져 수학여행의 명소로 익숙하다. 우리가 흔히 수학여행 하면 떠오르는 장소가 불국사와 안압지인 것과 같이 앞으로도 동궁과 월지는 많은 사람의 경험과 향수로서의 공간이 되어 간다.

**좋은 정원가는,
시간을 도구로
정원을 구상한다.**

메를로 퐁티Maurice Merleau Ponty는 형태에 대해 다음과 같이 말했다. "형태는 운동의 상흔이다." 형태는 독자적으로 존재하지 못하고 시간에 뒤따른다. 형태는 성장과 변화라는 시간 속에서 연속될 때, 비로소 그 형태를 드러낸다. 정원도 마찬가지이다. 정원의 풍경은 정원가의 계획만으로 나타날 수 없다. 앞서 살펴본 직선 시간, 순환 시간, 경험과 향수로서 시간의 결절점에서 드러난다. 이러한 '정원에서의 시간 특성'을 정리하면 다음과 같다.

'시간의 흐름을 가시화하고 시간의 궤적을 기록한다.'
'사람의 몸으로 파악되는 현상학적이고 경험적인 시간이다.'
'자연과 사람의 역사가 함께 퇴적된 시간이다.'

정원의 시간은 나무의 시간과 같게, 과거를 미래로 보내는 '오래된 미래'와 같다.

담양의 소쇄원계곡에 자리 잡은 대나무로 만들어진 수로이다. 이 수로는 계곡 건너편 연못에 물을 대는 용도인데, 그 운치가 상당하다. 대관을 타고 졸졸 흐르는 개울물이 하늘을 비춘다. 그 반짝이는 윤슬과 청아한 물소리를 듣고 있노라면 시간 가는 줄 모른다.

다시 강조하자면, 시간의 흐름이 공간에서 전개되는 것을 음악이라고 하고 시간의 흐름이 공간에 응집된 것을 건축이라고 한다. 그렇다면 정원은 어떨까. 앞서 '매우 느린 음악'이라고 역설한 정원은 음악성과 건축성을 포괄하며 공간을 씨줄로, 시간을 날줄로 엮어간다. 공간을 조형적으로 계획하며 구축적 서사를 만들고, 유동적 시간의 우연성을 활용하여 탈구축적 변화를 만들어 가는 것이다. 본 단락에서 소개한 두 가지 정원 디자인 접근법은 형이상학적이지만 때때로 매우 구체적인 영감을 준다. 시간과 공간에 대한 깊은 고민은 모든 것에 선행하는 정원 디자인 접근법이다.

안산에 있는 실내 식물원과 숲 정원, '유니스의 정원'에 핀 꽃무릇이다. 꽃무릇은 가을에 피는 꽃과 봄에 자라는 잎이 서로 절대 만날 수 없다. 시간에 가로막혀 둘은 만나지 못한다. 이러한 꽃무릇의 꽃말은 이루어질 수 없는 사랑이다. 그래서 꽃무릇을 볼 때면 '시간을 초월한 사랑이 과연 가능할까'라는 생각이 든다.

정원에서의 자연미

　정원은 사람과 자연이 한 장소에서 교감할 수 있는 곳이다. 정원가는 자연의 아름다움을 표상하고, 정원을 매개로 자연의 소중함을 전달한다. 정원은 자연미를 품고, 정원가는 자연미를 탐구한다. 이러한 자연미는 두 가지로 나눠 생각해 볼 수 있다. 우리 삶 밖의 자연과 삶 속의 자연이다. 삶 밖의 자연은 태고의 낯선 경외심을 불러일으키고 삶 속의 자연은 전원의 친근한 안정감을 준다.

1) 삶 밖의 자연, 태고의 낯선 경외
2) 삶 속의 자연, 친근함과 치유
3) 비유법과 자연미

제주도 돈내코 계곡 원앙폭포 근처의 이끼 숲이다.
다양한 이끼와 고사리가 화산암을 뒤덮고 있다.
원시림의 신비로움을 간직하고 있다.

1) 삶 밖의 자연, 태고의 낯선 경외

　사람은 도시 혹은 전원에서 삶을 영위한다. 이러한 일상의 범주에서 멀리 벗어난 삶 밖의 자연은 거대하고 낯설다. 스위스의 고산지대나 태평양의 망망대해, 아마존의 밀림이 이와 같다. 감히 가볼 엄두도 나지 않는 광활한 자연이다. 삶 밖의 자연은 태고의 낯섦을 간직하고 있다. 사람은 낯선 자연의 거대함과 인간을 초월한 생태계를 마주할 때면 경외심을 느낀다. 그랜드캐니언, 혹은 백두산 천지에서 느끼는 감정이 이와 같다. 이러한 삶 밖의 자연은 가까이서는 무섭지만 멀리서는 아름답다. 그리고 가녀린 사람의 몸으로는 쉽게 다가갈 수 없는 자연이다. 혹은, 매우 웅장해서 전체를 한 번에 견지하기 어려운 자연이다.

　이러한 경외로운 자연미는 숭고미를 동반한다. 숭고미란, '장엄하고 거룩한 초월적 아름다움'을 의미한다. 숭고미는 완벽함과 탁월함을 통해 웅대한 것을 낳는다. 사람은 숭고미를 체험하며 황홀감을 얻는다. 이러한 숭고미는 무섭도록 위압적인 자연을 마주할 때 발하는 감정으로, '안전을 전제로 두려움의 대상을 주지하는 감정'이다. 칸트는 다음과 같이 말했다.

> "우리가 안전한 곳에 있다면
> 그런 것들의 광경은 두려울수록 더욱더
> 우리 마음을 끈다."

　이러한 숭고미는 수학적 숭고와 역학적 숭고로 나뉜다. 먼저, 수학적 숭고는 이성에 기반을 두는 헤겔의 '아폴론적 미'이며 크기 비교를 통해 얻는 초월감에서 기인한다. 반면, 역학적 숭고는 감정에 기반을 두는 헤겔의 '디오니소스적 미'이며 위력과 강제성을 통해 얻는 압도감에서 기인한다. 수학적 숭고는 능동적 사고에서 시작되고 역학적 숭고는 수동적 체험에서 시작된다.

　제주 서귀포의 대포주상절리 해안이다. 깊은 바닷속에서 융기하는 기둥들은 무리를 이룬다. 그것을 자세히 들여다보면 저마다의 기둥이 서로 뒤질세라 제각기 다른 속도와 높이로 솟구치는 듯하다. 그 시커먼 먹색 기둥들은 전부 오각형을 이루는데, 이유는 가장 안정적인 형태가 오각형이기 때문이란다. 실제로 우리가 주상절리라고 부르는 이 기둥들은 파도에 의한 침식으로 지하의 절리대가 드러난 것인데, 우리 눈에는 마치 파도에 맞서며 해저에서 솟구치는 역동으로 느껴진다. 한라산의 화산활동이 빚어낸 미려한 조형에서 자연의 신비와 숭고를 느껴본다.

좋은 정원가는,
삶 밖의 자연이 일으키는 태고의 낯선 경외심을 이용하여,
작고 협소한 정원에 거대한 자연의 경관을 담는다.
그리고 자연에 대한 숭고미를 불러일으킨다.

2) 삶 속의 자연, 친근함과 치유

이제 가까운 자연에 대해 알아보자. 우리 일상에 밀착해 있는 공원부터 가까운 동산, 도심 외곽의 숲, 전원의 풍경, 논과 밭, 과수원을 떠올려 보자. 비록 자연이라고 부르기 어려운 녹지 공간일지라도 분명 그 안에는 귀뚜라미가 있고 참새가 날아든다. 나무가 우거지고 꽃이 피어나는 공간이다.

또한, 사람들은 지치고 힘들다가도 주말에 찾아가는 등산로, 여름에 찾는 계곡과 바다, 가을에 찾아가는 호수와 강처럼 우리 일상에 깊이 관여하는 자연 속에서 위로받는다.

> 좋은 정원가는,
> 우리 삶 속 자연의
> 역할을 깊이 이해한다.
> 사람들을 위로하고
> 치유하는, 그들의
> 마음이 편히 쉴 수
> 있는 공간을 만들고자
> 노력한다.

다시 제주 돈내코계곡이다. 서귀포 사람들의 피서지이자 물놀이터가 되어주는 친근한 계곡이다. 이렇듯 자연은 신비로움과 동시에, 우리에게 일상의 추억으로 다가온다. 돈내코계곡은 멧돼지가 물을 마시러 오는 계곡이라는 뜻에서 이름이 유래되었다. 차가운 지하수가 뿜어나와 한여름에도 아주 차갑고 시원하기로 유명하다.

정원은 자연미를 추구한다. 자연의 신비로운 매력에서 우리는 경외심과 동경심을 느끼고 자연의 친근하고 익숙한 모습에서 우리는 따뜻함과 포근함을 느낀다. 이러한 자연미의 백미는 사람을 위로하고 상처를 치유하는 힘이다. 특히, 사람의 상처뿐 아니라 사람이 상처 낸 환경도 치유한다. 자연의 자정 능력이다.

좋은 정원가는,
자연의 다양한 표정을
모방하여 작은 정원에
재구성한다.
좋은 정원가가
탐하는 미학에는 자연이
건네는 교훈과 자연과 사람의
화합이 담겨있다.

제주 협재해변의 한여름이다. 순비기나무는 언뜻 보면 풀 같다. 지면을 기어 자라서 전혀 나무처럼 보이지 않는다. 모래밭에 무리 지어 자라는 바닷가의 꽃 풀쯤으로 보인다. 하지만, 협재해변에서 비양도를 바라보는 순비기나무는 여름철 반가운 보라색 꽃을 피우는 엄연한 나무이다. 순비기나무는 흰 모래사장과 검은 현무암, 그리고 푸른 파도 사이에서 자란다. 염분과 해풍을 이겨내는 인고를 기어 자라는 지혜로 이겨냈다.

덕분에 경쟁자가 아무도 없는, 대부분의 나무가 자라기엔 너무도 혹독한 해변 모래사장을 혼자 독차지하고 유유자적 일광욕을 즐긴다. 필자가 마주한 순비기나무는 줄기가 어른 손목만큼 굵었고 현무암 사이를 구렁이처럼 기고 있었다. 순비기나무가 있는 해변에서는 인고의 시간을 뛰어넘은 생명력을 느낄 수 있다. 협재해변 순비기나무의 보라색 꽃은 이번 여름에도 피어나 비양도를 지긋이 바라본다.

3) 비유법과 자연미

이제, 정원에 자연을 담고 표현하는 방법에 대해 알아보자. 정원은 규모가 작다. 거대한 자연의 섭리와 양상을 담아내기에 정원은 협소하다. 그래서 좋은 정원가는 거대한 자연을 응축하는 것에 능숙하다. 광활하고 거대한 풍경을 작은 장소 속에 담아내는 응축은 '비유법'으로 가능하다. 조형 공간의 심미적 감상은 '시적 언어'로 표현되기에, 언어적 접근이 필수적이다. 그래서 본 장에서는 비유법을 활용하여 자연미를 정원에 담는 접근법을 소개한다.

'심미적 공간'은 다분히 시적이며 비유가 필요하다. 비유는 사람의 연상 작용에 기대는 방법론이다. 비유는 의인법, 활유법, 대유법, 풍유법, 직유법과 은유법, 의성법과 의태법, 중의법으로 나뉘는데, 자연을 함축하기 유용한 것은 의인법과 활유법, 직유법과 은유법, 의성법과 의태법이 있다. 그리고, 자연물에 의미를 담아 메시지를 전달하기 유리한 것에는 대유법이 있다.

의인법과 활유법
직유법과 은유법
의성법과 의태법
대유법

필자가 디자인하고 조성한 숲 정원이다.
송도에 위치한 가드닝카페 옵스어데지이의
정원이다.
너른 정원에 작은 숲을 연출했다.
복자기나무와 산딸나무, 노각나무가
반기는 숲이다.
나무 아래로는 수국과 추명국, 층꽃이
가을을 맞이한다.

가을이 나뭇잎에 파고드는 시기이다.
아침저녁으로 쌀쌀해 진 시월,
작은 숲 정원은 겨울을 앞두고
지난 봄과 여름을 회고한다.
가을꽃은 겨울잠을 준비하는
꿀벌과 나비에게 마지막 꿀을 내어준다.

의인법과 활유법

의인법과 활유법은 생명체가 아닌 것을 생명체인 것처럼 표현한다. 돌, 바람, 시냇물, 빗방울, 햇빛과 같이 생명체가 아닌 것에 생리적인 심상을 심어준다.

> 이끼를 뿜어내는 돌,
> 꽃잎을 물어가는 바람,
> 연흔을 낳는 시냇물,
> 잎사귀를 건드리는 빗방울,
> 겨울눈을 어루만지는 태양.

이렇듯 의인법과 활유법을 활용하면 자연에 감정을 더할 수 있고 풍부한 해석과 감상을 낳을 수 있다.

의인법과 활유법은 대상 간의 관계성을 강조한다.

> 돌을 좀먹고 자라나는 이끼,
> 바람결에 낙화하는 꽃잎,
> 모래알을 쓸어가는 시냇물,
> 빗방울과 잎사귀의 울음소리.

그래서 의인법과 활유법은 현상에 대한 깊은 통찰력을 요구하며 정원에서 일어나는 크고 작은 심미적 변화를 드러낸다.

좋은 정원가는, 관람자가 자연에 감정을 이입하여 자연과 쉽게 동화할 수 있도록, 의인법과 활유법을 활용한다. 그래서 생태디자인과 맞닿은 방법이기도 하다.

파주의 정원이 아름다운 카페, '아보고가'이다. 두 팔 벌린 그늘막 아래로 부드러운 표정을 짓는 정원과 험상궂은 얼굴의 건물이 대조를 이룬다.

강북구를 대표하는 공원, 북서울꿈의숲에서 개최한 서울정원박람회의 작가정원, '직관적 발아'이다. 지면의 은은한 결과 부드러운 완곡을 그리는 등고선을 은유한 백색의 벤치 조형물이 돋보인다. 씨앗의 태동과 같은 온화한 곡선의 호가 인상적이다.

직유법과 은유법

직유법과 은유법은 가장 기본적인 비유법으로, 원관념과 원관념을 비유하는 대상 사이의 유사성이 중요하다.

잔잔한 수면 같은 모래,
새의 울음소리 같은 개울 소리,
은하수처럼 빛나는 생강나무꽃,
지붕 같은 나뭇가지,
나그네 같은 나무 한 그루.

은유적 표현이 가능한 시점에서 그 대상은 심미성을 갖게 된다. 직유법과 은유법은 큰 자연을 압축하는 유용한 방법이다.

주상절리대 같은 돌담,
오름 같은 언덕,
협재해변과 같은 연못.

원관념이 되는 큰 자연 일부분이나, 조형적 특성의 한 요소를 따와서 응축할 수 있다. 만약, 원관념이 주상절리대라면 오각형, 오각기둥, 세로로 이어진 검은 열주, 현무암과 유사한 조형·질감·색채의 한 부분을 빌릴 수 있다.

좋은 정원가는, 은유의 귀재이다. 표상하는 자연경관의 특성을 누구보다 잘 알고 단순화에 능하다. 구성요소를 하나하나 분리해서 파악하는 관찰력이 풍부하다. 이러한 직유법과 은유법은 거시적인 자연경관과 원리를 작은 정원 속에 함축하기에 가장 적절한 방법이다. 동시에 가장 기본적인 자연미의 표현 방법이다.

의성법과 의태법

의성어와 의태어는 비유하는 대상의 상태를 드러낸다는 공통점이 있다. 먼저, 의성어는 대상이 자아내는 소리를 드러낸다. 정원가에게 의성법은 '어떤 것을 들려주는가?'보다 '어떻게 들려주는가?'가 더 중요하다. 예를 들어, 빗방울 소리를 연출할 경우, 잎이 넓어 소리의 울림이 큰 파초를 활용할 수 있다. 울림이 극대화되도록 빗방울이 모이는 처마 아래, 혹은 창가 주변에 파초를 심어두면, 감상자에게 더욱 적극적으로 다가가는 소리이며, '토독토독'하는 의성어가 연상되는 정원이다.

의성어는 대부분 의태어를 동반한다. 빗방울을 맞아 파초잎은 펄썩펄썩 하고 흔들린다. 파초잎 특유의 펄썩임은 정원의 동적 요소가 되어 이목을 끌고 정취를 돋군다. 이렇듯 의성법과 의태법은 묶어서 생각할 때, 더 흥미로운 서사를 만들 수 있다. 소나기, 산들바람과 같이 다채롭지만 짧게 지나가는 사건이 정원을 방문하는 기회를 놓치지 않고, 찰나의 아름다움을 조명해야 한다. 의성법과 의태법은 자연의 변덕과 흥미로운 순간을 담아내기에 가장 좋은 방법이다.

> 좋은 정원가는, 의성법과 의태법을 활용하여 생생하고 동적인 자연을 연출한다.

동탄의 정원이 아름다운 카페, '카페인중리'의 기하학적인 정원이다. 그라스와 뮬리가 주가 되어 바람 소리가 아름다운 정원이다. 소스락소스락 하고 바람이 그라스를 빗겨주는 소리가 일품이다.

대유법

대유법은 원관념을 대표하는 특성에 집중하여 같은 특성을 공유하는 다른 대상으로 비유한다. 예를 들어, '꽃봉오리는 언젠가 꼭 피어난다' 라는 표현에서, 꽃봉오리는 소망을, 피어난다는 이루어진다는 것을 대유한다. 이렇듯 대유법은 전달하고자 하는 메시지 혹은 교훈을 자연물의 동태에 빗대는 방법이다. 자연의 조형미를 표현하는 동시에, 자연의 원리와 삶의 이치를 연결 지어 보여준다. 그래서, 정원이 표방하는 자연미를 가장 다채롭고 호소력 짙게 전달하는 비유법은 대유법이다.

좋은 정원가는,
대유법을 활용하여 정원을
구성하는 다양한 요소들에
저마다의 의미를 부여한다.
그리고 관람자가 구석구석
숨겨진 의미들을 발견하고
추론하는 즐거움을 누릴 수
있게끔 유도한다.

결국 좋은 정원가는,
삽으로 나무를 심고
대유법으로 의미를
심는다.

좋은 정원가는,
관람자가 정원에서 저마다의
경험과 추억을 빗대보고
저마다의 의미를 얻어갈 수
있도록 정원을 연출한다.

수원시에 있는 중국 광둥 지방의 전통 정원 양식을 볼 수 있는 월화원이다.
월화원 연못가의 배 모양 정자, '월방'에도 가을이 찾아왔다.
월방은 마치 큰 선박의 닻처럼 대양을 향해 두 팔 벌려 나가는 듯하다.
그 호쾌함이 시원하게 느껴지는 정원이다

좋은 정원에 대한 제안

지금까지, 정원에 자연을 담고 표현하는 방법에 대해 알아보았다. 좋은 정원가는 비유법을 통해 거대한 자연을 협소한 정원에 담아낸다. 시적인 공간이 되는 것이다. 자연미를 함축하기 원활한 의인법과 활유법, 직유법과 은유법, 의성법과 의태법, 그리고 자연물에 의미를 담기 유리한 대유법은 정원이 표상하는 자연미를 매우 흥미롭게 연출할 수 있는 접근법이자 방법론이다.

광화문 광장의 정원이다. 멀리 광화문이 보인다. 광화문 광장의 정원은 대한민국을 대표하는 얼굴과 같은 정원이다. 그래서 한국의 숲과 들판을 품어냈다. 시민에게 열린 휴식 공간이자 도심 속 치유의 녹색 장소가 되어준다.

초가을의 경주 동궁과 월지이다. 한반도의 다도해를 보는 것 같다. 붉게 물든 화살나무의 이파리들이 장미의 꽃잎보다 더 붉게 바람에 흩날린다.

3장
좋은 정원에 대한 영감 찾기

3장에서는,
앞으로의 정원이 추구해야 할 두 가지의
철학을 소개한다.
노자·장자, 들뢰즈·데리다의 사유와
정원의 초연결적인 상관관계를
살펴보자.
그리고 정원 구상에 큰 도움을 줄 수
있는 철학적 개념을 살펴보자.

용인에 있는 호암미술관의 전통 정원 희원의 물이 시작되는 곳, 입수구의 모습이다. 청명한 물소리가 울려 퍼진다. 마치 다도에서 다관을 기울여 잔에 차를 붓듯이 아름다운 물소리가 정원의 모든 곳을 어루만지며 공명한다.

좋은 정원에 대한 영감 찾기

노자와 장자, 그리고 정원

　노자와 장자는 노장사상으로 익히 알려져 있다. 노장사상은 현대 정원이 추구하는 '치유'와 '회복', '재생'의 가치를 가장 잘 담고 있는 동양의 고전으로서, 정원가에게 탄탄한 이론적 기초가 되고, 정원 구상 단계에서는 철학적 기반이 되어 매우 흥미로운 영감을 준다. 본 장에서는 노자가 강조한 '물'의 성질을 살펴보고 장자가 강조한 '소요유'에 대해 알아본다.

1) 상선약수와 정원
2) 소요유와 정원

다시 동궁과 월지이다. 월지의 물을 대는 입수구이다. 물에서 진흙과 자갈을
거르기 위해 거북이 등껍질을 엎어놓은 듯한 물받침 대야가 두 겹으로
이어진다. 물은 두 대야 사이를 넘나들며 불순물이 침전된다.
덕분에 월지에는 깨끗한 물이 유입되어 하늘을 선명하게 반영한다.
월지의 입수구를 보면 물을 다루는 선조의 지혜를 엿볼 수 있다.
가을에 방문하면, 수로의 시작점에 있는 모과나무에서 떨어진 모과들이
수조유구의 물 위에 떠 있는 것을 볼 수 있다.

1) 상선약수와 정원

노자는 '물'이 가진 성질에 집중했다. 물은 매사 다투는 돌과 달리 유연하고, 모든 것을 태워버리는 불과 달리 모든 것을 적시고 키워내는 양생의 힘을 갖고 있다. 그래서 겸허하게 아래로 흐른다. 이러한 물의 특성을 노자는 '상선' 즉, 최고의 선이라 예찬하며 『도덕경』 제8장에서 다음과 같이 말했다.

"최고의 선은 물과 같다.
물은 만물을 이롭게 하는데
뛰어나지만 다투지 않고,
모든 사람이 싫어하는 곳에 머문다.
그러므로 도에 가깝다."

노자는 '상선약수'라며 물의 성질이 '도'의 경지와 유사하다고 강조하였다. 정원에서도 '물'은 상선이다. 물은 만물에 생기를 주고 만물을 성장하게 하는 자양분이 된다. 물은 정원의 식물을 길러내면서 자신은 지면 아래로 스민다. 자신의 공적을 스스로 치하하지 않고 겸손하게 지면으로 스며 사라진다.

창덕궁 후원 애련지의 물을 대는 입수구이다. 물에 산소를 섞고 돌 받침에 낭창낭창 부서지는 단아한 물소리가 날 수 있도록 고안된 높은 단차의 입수구 구조가 돋보인다. 덕분에 애련지에는 항상 여유로운 물결이 일렁인다.

종로 자하문 근처의 청운문학도서관의 연못 정자의 폭포다.
물소리가 풍부하도록 계단식으로 연출된 폭포가 인상적이다.
잘게 오골오골 울리는 물소리가 작은 정자를 가득 채운다.

노자의 '상선약수'는 정원에서 물의 역할과 쓰임, 물의 상징을 되새기게 한다. 정원에서 물은 소나기로 나타나, 계곡과 개울을 흘러, 연못과 호수에 머문다. 때로는 돌을 적셔 이끼의 색을 짙게 하고 때로는 꽃잎의 아침 이슬로 빛난다. 그리고 저녁 햇살을 비춰 연못의 윤슬로 부서지거나 아침 햇살 속 개울로 흘러 물비늘로 반짝인다. 또한, 돌과 돌 사이를 거닐며 청량감 있는 소리가 되고, 잎사귀를 적시면 촉촉한 촉감이 된다. 정원에서의 물은 수분이자 습기이며 물방울이자 물줄기이고 폭포이자 파랑이 된다. 파랑 위로 꽃잎을 실어 나르는가 하면, 울긋불긋한 낙엽을 수면 아래로 가라앉힌다.

좋은 정원가는,
'정원에서의 물'이 지니는 풍부한 감수성을 드러낸다.
물을 빛과 촉감, 소리와 향기로 활용한다.
특히, 물이 지닌 겸손함과 자애로움을 드러내
편안한 분위기를 조성하거나 물이 자아내는 경쾌함과
청량감을 드러내 활기찬 분위기를 조성한다.

제주 서귀포에 있는 이타미 준의 작품, 방주교회의 잔잔한 물의 정원이다. 잔잔하다 못해 정적이다. 마치 거울처럼 선명하게 하늘의 적란운을 비추는 반영의 정원이다

광화문 광장 정원의 물길이다. 물을 역사에 비유했다. 물이 흐르는 길의
돌바닥에는 조선 시대의 연표가 조각되어 있어 물의 여유로운 흐름을 따라
이어지는 물길을 걸으면 조선의 역사를 돌이켜 볼 수 있다.

2) 소요유와 정원

노자가 물을 예찬했다면 장자는 '쓸모없는 나무'를 예찬했다. 그는 쓸모없는 나무와 함께 '소요유'逍遙遊를 제시했다. 소요유란, '멀리 떠나 큰 나무 아래에서 낮잠이 들거나 한가로이 거닐며 논다.'는 것을 의미한다. 쉼과 놀이의 여유로운 경계선에서, 소요유는 진정한 자유와 평화를 표상한다. 장자는 『장자』 내편에서 여러 번 '거대한 나무'를 언급했는데 그 중, 두 가지 이야기를 소개하겠다.

『장자 내편 1. 소요유, 큰나무의 쓰임 편』

혜자가 장자에게 말했다. "내가 있는 곳에 큰 나무가 하나 있는데, 사람들은 그것을 가죽나무라고 부르더군. 그 큰 줄기는 혹투성이어서 먹줄을 칠 수도 없고, 가지는 비비 꼬여서 자를 댈 수조차 없기에, 길가에 서 있지만, 목수들이 거들떠보지 않는다네. 지금 그대의 말도 크기만 했지, 아무 소용되는 게 없어 사람들이 거들떠보지 않을 거요."

장자가 말했다. "지금 그대는 큰 나무가 있음에도 쓸모가 없다고 걱정하는 듯한데, 어째서 그것을 아무것도 없는 곳, 드넓은 들판에 심어 놓고 하릴없이 그 곁에서 왔다 갔다 하거나 그 아래에서 노닐다가 드러누워 잠을 잔다거나 하지 않는 거요?", "그 나무는 도끼에 찍혀 일찍 죽지도 않을 것이요, 어떤 사물도 그것을 해하지 않을 것이니, 아무 쓸모가 없다는 것이 어째서 괴로움이 된다는 것이요?"

『장자 내편 4. 장석과 신목 '역사수'의 만남』

장석이 제나라로 가다가 곡원이라는 곳에 이르러 사당의 신목으로 심겨 있는 상수리나무를 보았다. 그 크기가 수천 마리의 소를 뒤덮을만하였고, 그 둘레는 백 아름이나 되었다. 제자가 장석에게 말했다. "그동안 이처럼 훌륭한 재목을 본 일이 없습니다. 선생님께서 어쩐 일로 그대로 지나쳐 버립니까?" 장석이 말했다. "아서라, 쓸모없는 나무다. 그것으로 배를 만들면 가라앉고 기둥을 만들면 좀이 슬어버린다. 쓸 만한 곳이 없어 그처럼 오래 살 수 있던 것이다."

장석이 집에 돌아와 잠을 자는 중, 상수리나무가 꿈에 나타나 말했다. "자네는 나를 어디에 비교하려 하는가? 열매가 달리는 나무들은 과실이 익게 되면 큰 가지는 꺾이고 작은 가지는 찢기네. 과일을 맺는 재주로 괴롭힘을 당하다 요절하네. 스스로 세속에서 해를 불러들여 부러지는 셈이네. 세상의 모든 물건은 쓸모 있으므로 자신의 생명을 해치는 것이네."

장자는 목재로서 쓸모가 없는 큰 나무가 천수를 누리며 큰 나무 곁에서 사람은 소요유를 즐길 수 있다고 말했다. 현대의 사람들에게 소요유는 휴식이며 치유이자 회복의 시간이다. 이러한 점에서, '소요유'는 현대의 정원이 추구해야 하는 최선의 가치가 되었다. 소요유는 단 세 글자로 휴식의 조건을 충분히 제시한다. 일상의 쳇바퀴와 적당한 거리를 둘 수 있는 만큼 떠나, 여유롭고 한가하게 노는 것. 정원은 '소요유가 가능한 장소'로서 사람들에게 치유와 안식의 장소가 될 수 있어야 한다.

창덕궁 후원의 가장 깊은 곳이자, 물이 시작되는 곳, 소요암이다. 소요암은 멀리 떠나 노거수 아래에서 한가로이 낮잠을 잔다는 장자의 소요유를 인용하여 옥류천 바위를 소요암이라 이름 붙이고 인조가 돌에 그 이름을 새겼다고 한다. 자연석을 조각하여 옥류천 물줄기를 끌어온 소요암은 신라 포석정처럼 유상곡수연을 즐길 수 있도록 연장한 수로의 곡선이 돋보인다. 소요암 주변에는 살아 천년 죽어 천년 주목들이 바위를 지키고 있다. 소요암 암반에 뿌리를 박고 물길 쪽으로 기대어 자라는 고령의 주목 나무 아래에서 담백한 곡선이 인상적인 유상곡수 유배거 물줄기를 바라본다.

마치 바위에 붙어있는 단풍잎 같다는 의미에서 이름 지어진 돌단풍이 소요암 이곳저곳에 붙어 자라고 있다. 돌단풍의 고운 꽃이 피는 봄의 소요암이 기대된다. 소요암에서 시작된 물길은 수로를 지나 관람지, 애련지, 부용지, 창경궁 춘당지로 흘러간다.

이제는 볼 수 없는 풍경, 창덕궁 후원의 관람지이다. 앞서 여러 차례 나무의 영원성과 지속성을 강조했지만, 꼭 그렇지만도 않다. 나무도 자연재해 아래에서는 동등하다. 여기 보이는 관람지를 가득 채운 밤나무 가지와 가지로 감싸진 관람정의 환상적인 풍경을 보라.
2022년 여름 이후로는 다시는 볼 수 없는 풍경이다. 후원에서 가장 오래 묵은 밤나무는 관람지의 서쪽, 승재정의 남쪽 비탈에서 자라왔다.
이 밤나무는 동쪽 가지를 관람지 쪽으로 펼쳐, 연못을 모두 뒤덮을 정도로 크게 자랐다.
관람지 남쪽에서 관람정을 바라보면, 밤나무 가지가 휘감은 관람정의 신비로움을 마주할 수 있다. 투박하지만 전혀 거칠지 않은 온화한 가짓결이다. 밤나무의 가지가 그린 선은 마치 할머니가 손주의 머리를 쓰다듬는 손짓을 닮았다. 이러한 환상적인 액자식 구도는 2022년 여름 태풍에 가지가 부러져 다시는 볼 수 없게 되었다.

지지대를 설치하지 않은 사람을 원망하기도 했다. 하지만 이 역시 자연의 섭리이리라. 단 한 번이라도 좋으니 다시 보고 싶은 풍경이지만 내 욕심이리라. 그렇게, 그해 여름, 태풍 전야에 마지막으로 보았던 늙은 나무의 고운 손짓은 필자에게 향수가 되었다.

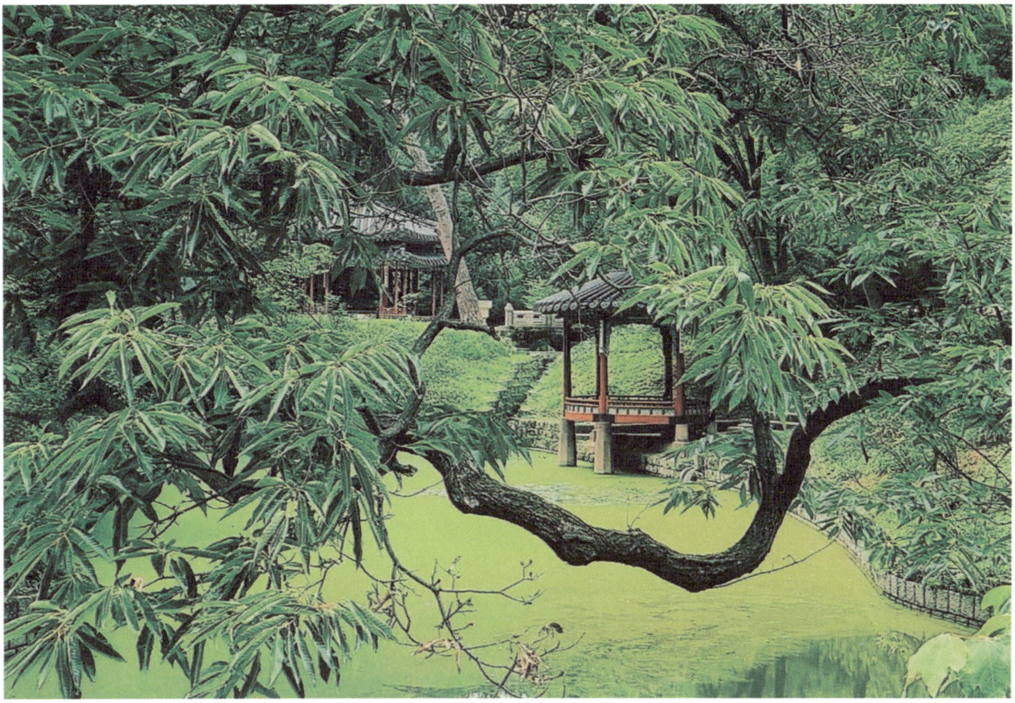

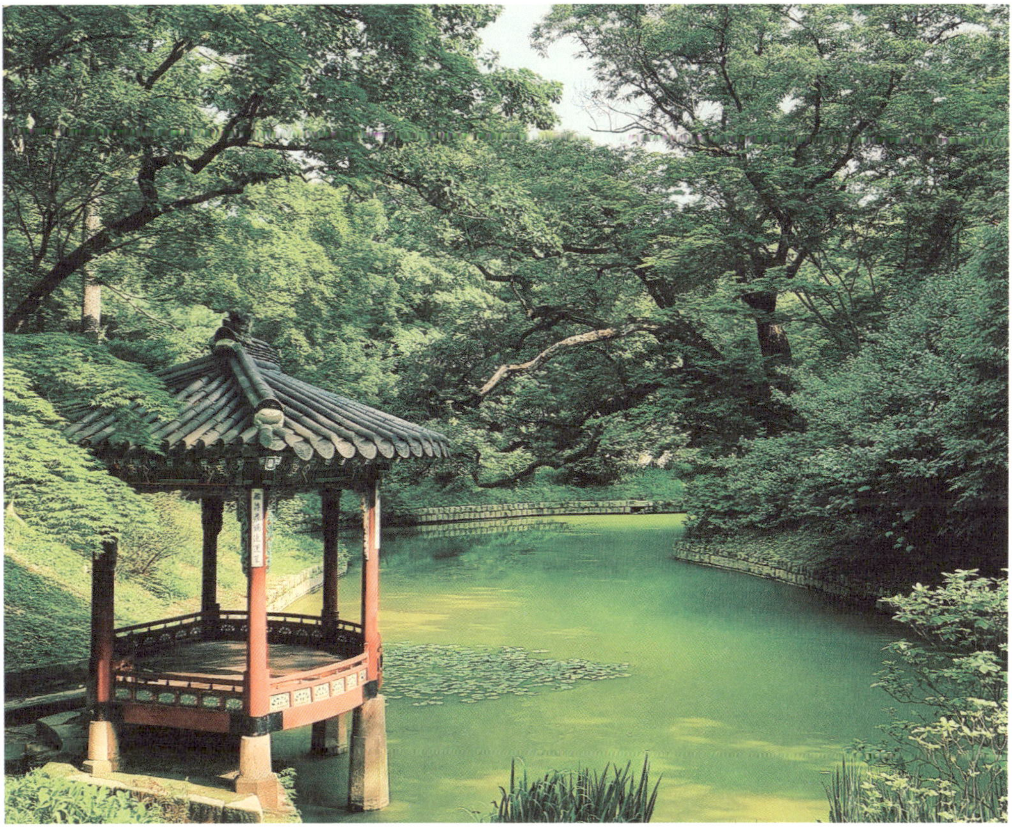

들뢰즈와 데리다, 그리고 정원

들뢰즈Gilles Deleuze는 데리다Jacques Derrida와 함께 포스트모더니즘을 대표하는 20세기 말 프랑스의 철학자이다. 들뢰즈는 기존 모더니즘의 구축적이고, 이항 대립적이고, 위계적인 질서와 구조의 한계를 직시하고 탈구축주의를 선도했다. 그리고 데리다 역시, 만물은 질서가 아닌 차이와 지연에서 생성된다고 주장했다. 들뢰즈가 제안한 '리좀적 사유', '리좀 구조'와 데리다가 제안한 '시간적 공간내기', '차연'에 대해 알아보자.

1) 리좀 구조와 정원
2) 시간적 공간내기, 차연과 정원

제주 섭지코지에서 성산 일출봉을 바라보는 유민미술관의 액자식 구성과 벽천이다. 첫 번째 액자를 지나면 양옆으로 긴 벽천의 회랑이 펼쳐진다. 앞으로 걸어갈수록 벽천의 물소리가 점진적으로 커진다. 결국에는 물소리가 귀를 잔뜩 채운다. 공간의 전개가 매우 흥미로운 정원이다.

1) 리좀 구조와 정원

리좀Rhizome이라는 낯선 단어는 프랑스의 철학자 질 들뢰즈가 제안한 개념으로, 경직된 모더니즘의 대안이자 구조주의와 대치되는 항이다. 이러한 리좀 구조Rhizome structure는 현대 정원에 구조적, 기능적으로 매우 흥미로운 영감을 준다. '리좀'이라는 어원은 '식물의 뿌리'이다. 감자나 맹그로브, 클로버의 수염뿌리처럼 땅속에서 이리저리 퍼지며 서로 엮이는 구조를 의미한다. 그래서 리좀은 수평적이고 우연적이고 발산적인 관계성을 의미한다.

리좀은 포스트모더니즘을 대변하는 개념이자 단어로 자리매김하였다. 리좀 개념을 쉽게 이해하기 위해서는 모더니즘과 비교할 필요가 있다. 모더니즘을 대변하는 것은 '수목성'이다. 이때 수목성은 본 책의 앞에서 서술한 수목성과 의미가 다르다. 여기서 수목성은 상하 관계가 뚜렷하고, 수렴되는 피라미드와 같이 고착된 위계질서를 의미한다.

모더니즘도 포스트모더니즘도 식물에 비유된다. 그러나 모더니즘은 식물의 연역적이고 위계적인 구조에 비유되고 포스트모더니즘은 식물의 무한한 확산과 관계 맺기에 비유된다. 같은 식물이라도 식물성의 사유는 다양한 파생을 이룬다. 다음의 도표를 통해 모더니즘의 수목적 구조와 포스트모더니즘의 리좀 구조를 비교해 보자.

강원 원주, 뮤지엄산의 물의 정원이다.
안도 다다오Ando Tadao의 '건축적 산책'과 공간의 심도가 잘 드러난다.

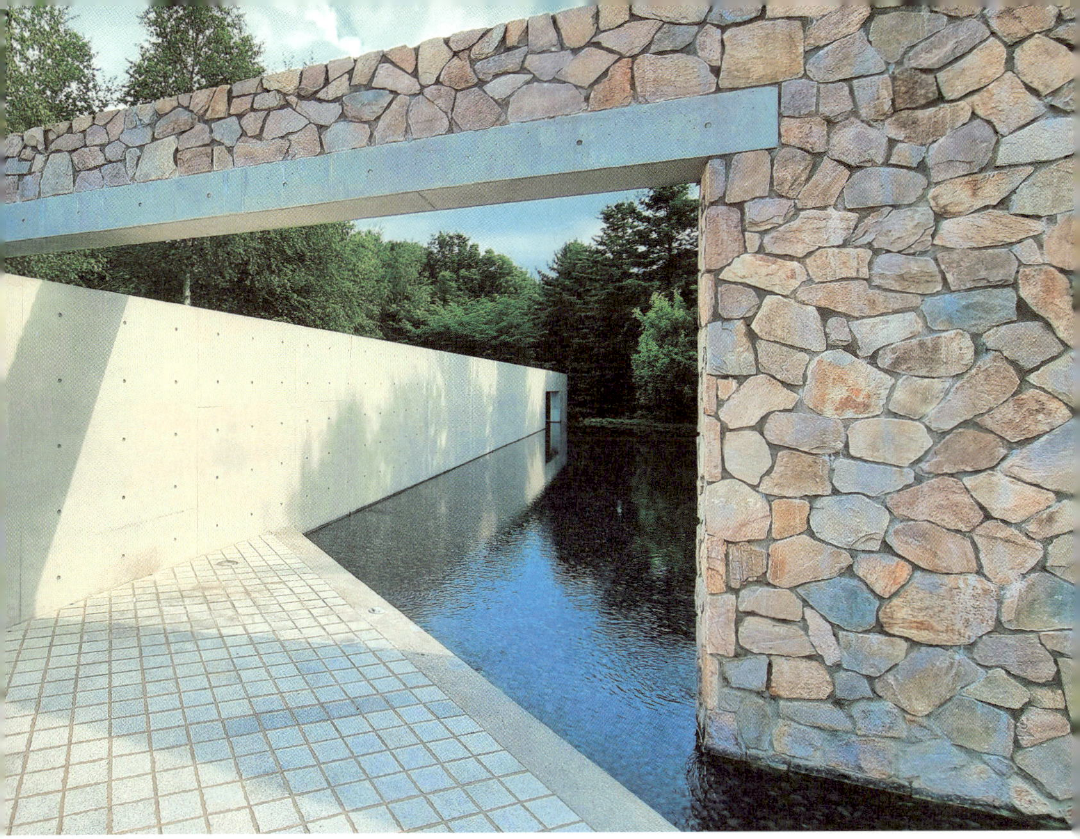

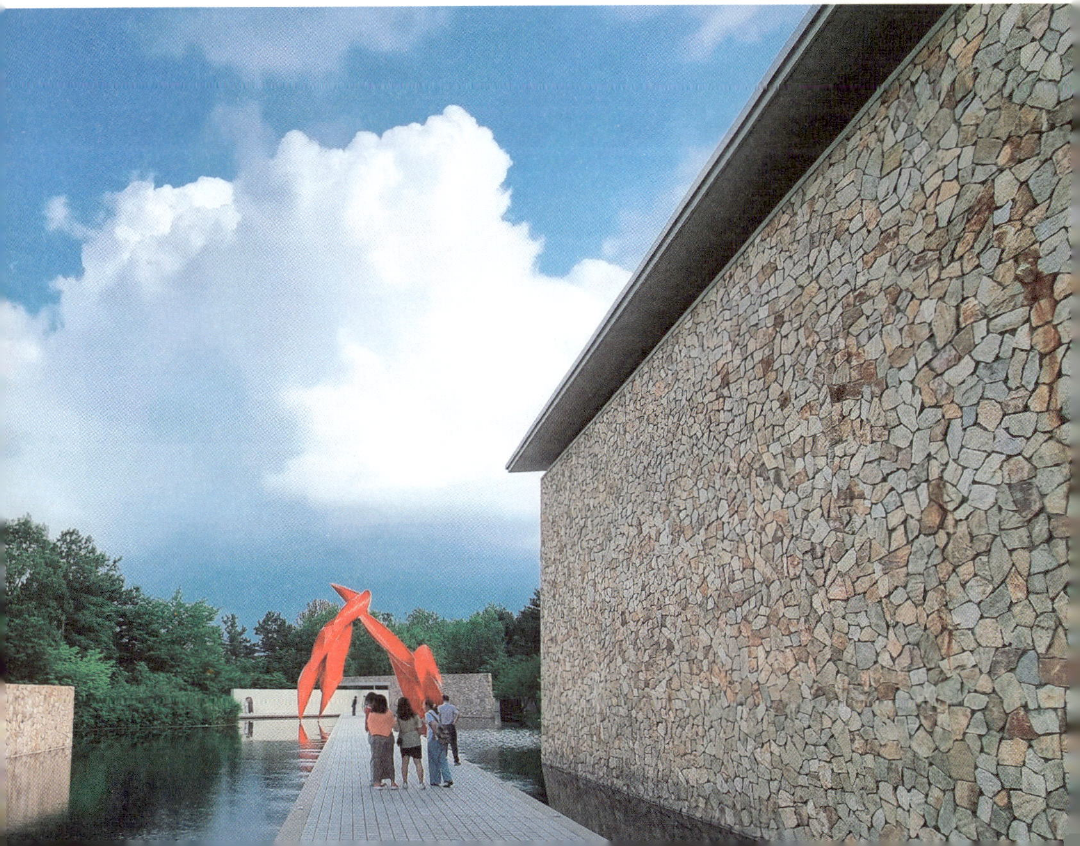

정원을 읽다

파주에 있는 미메시스아트뮤지엄이다. 알바로시자Álvaro Joaquim de Melo Siza Vieira의 작품으로, 맥문동과 공간의 주름이 돋보인다.

수목적 사유와 리좀적 사유의 특성 비교

모더니즘	포스트모더니즘
수목적 사유	리좀적 사유
구조적	탈 구조적
정주	유목
수직적 수렴	수평적 확산
단계 분절	연결 접속
조합	해체
중심화	탈중심화
독립적	관계적
유한적	무한적
고정적	가변적
이분법	스펙트럼
원인과 결과	생성과 재생성

위의 표와 같이, 모더니즘은 중심을 이루고 독립성을 추구하며 원인과 결과에서 비롯된 위계를 중시한다. 자연히 수직적 수렴을 이룬다는 점에서, 수목적 사유와 같다. 반면, 포스트모더니즘은 탈중심화를 추구하며 관계성에 초점을 두어, 무한한 생성과 재생성으로 이어진다. 자유로운 해체를 통해, 다양한 이접적 연결과 접속이 이루어지고, 가변적이다. 기존의 위계를 부수고 유목민족과 같이 자유롭게 유동한다. 간단히 정리하자면, 포스트모더니즘은 모더니즘보다 자유롭다. 억압과 위계를 해체한다.

이러한 리좀적 사유, 리좀적 구조, 리좀적 설계와 디자인은 철학을 넘어 건축의 영역에서 뚜렷하게 드러난다. 리좀적 사유의 '해체성'은 프랭크 게리프랭크 게리Frank Owen Gehry의 해체주의解構主義 건축으로 발현되었고 리좀적 사유의 '유기성'은 자하 하디드Dame Zaha Hadid의 유기주의有機主義 건축으로 발현되었다. 이처럼 건축은 시대의 변화를 이끄는 철학에 민감하다. 건축양식의 변화처럼, 정원도 고전적 양식에 머무르지 않고, 현대에 이르러 다양한 양식이 재생성되어야 한다. 이러한 점에서, 정원가는 현대 건축이 걸어가는 길을 견지하며 중요하게 생각해야 한다.

리좀은 정원의 공간 구조적, 식물 생리적, 환경 생태적, 경관 디자인적 시스템을 만들어내는 것에 있어 다양한 영감을 준다. 리좀이 표상하는 해체적이고 유기적인 자유분방함은 현대사회와 현대인의 사유체계를 대변한다. 이러한 리좀은 정원 디자인에 있어 필수적 관념이라고 할 수 있다.

제주 산방산을 바라보는 카페, 엘파소의 노랑 담장
정원이다. 정원 공간이 마치 감자와 같은 뿌리식물의
뿌리구조처럼 얼기설기 얽혀있어 복합적인 인상을 준다.

2) 시간적 공간내기, 차연과 정원

시간적 공간내기, '차연'Différance은 프랑스의 철학자, 데리다가 제안한 독창적인 개념으로, '차이'가 사물의 차이를 정적으로 받아들이는 공간적 개념인 것에 반해 '차연'은 차이가 생성된 운동을 이해하기 위해 고안된 시간적 개념이다. 디페랑스라는 프랑스어를 우리말로 번역한 차연差延은, '시간적으로 지연되어 발생한 공간적 차이'를 의미한다. 이것을 다른 말로 정리하면 '시간적 공간내기'Espacement이다.

차연은 데리다가 고안한 모더니즘 후위의 존재론이다. 데리다는 들뢰즈와 함께, 차연 개념으로 포스트모더니즘의 빗장을 열었다. 기존 모더니즘의 인식론과 존재론은 대상의 의미 혹은 가치가 자립적으로 존재한다는 믿음 위에서 가능했다. 하지만 데리다의 생각은 이와 달랐다. 모든 대상의 의미와 가치는, 모든 대상이 모든 대상과 맺고 있는 '관계 매듭'에서 발생한다고 생각했다. 이것은 들뢰즈의 리좀, 그리고 불교의 '연기설'과 매우 유사하다. 실체처럼 느껴지는 모든 것들은 '타자와의 관계'로 환원되어, 이 세상에 독자적인 실체는 없음을 의미한다. 또한, '전이'되는 운동 속에 잠시 드러나는 화상임을 의미한다.

곽희수 건축가의 작품, 용인에 있는
'카페르디투어'의 정원이다. 건축가의 시그니처
타공이 돋보인다. 콘크리트 담장의 앞 공간과
뒷공간이 타공을 통해 연결된다. 마치 담장 뒤편의
공간이 구멍을 통해 앞으로 침투하는 듯하다.

다시 여의도공원의 서울정원박람회 작가정원, '소풍색감'이다. 정원에 둘린 스테인드글라스는 단순히 색감뿐 아니라 주변 풍경을 응집시킨다.
바람에 따라 글라스의 각도가 바뀌면서 비추는 풍경도 바뀐다.
시시각각 변하고 조각나고 분해되는, 그러나 총체적인 풍경이 펼쳐진다.

도토리와 다람쥐, 목재 의자가 있다. 이 셋은 상호 의존적이며 시간과 공간의 관계 속에서 연속된다. 이 셋의 관계를 설명하면서 시간과 공간의 개념을 제외할 수 없다. 다람쥐는 도토리를 먹다가 실수로 도토리를 잃어버리고, 땅속에 숨은 도토리는 이내 참나무가 된다. 참나무는 다시 다람쥐에게 도토리를 주며, 사람은 참나무를 잘라 의자를 만든다. 셋의 관계는 참나무가 될 도토리, 자신도 모르게 도토리를 심어왔던 다람쥐, 도토리였던 의자이다.

이처럼 대상은, 그것이 아닌 다른 대상에 의해서 정의된다. 더 정확하게는 다른 대상들과 맺고 있는 '관계'에 의해 정의된다. '시간과 공간 속에서 연속되는 관계'에서 대상이 드러나고 정의되는 것이다. 이것이 '차연'이 말하는 존재론이다. 현재에 존재한다는 곧, 그것의 과거·미래와 비교될 때, 비로소 의미가 있다. 즉, 현재의 존재가 다른 시간대의 존재와 비교될 때 발생하는 차이, '시간적 공간내기'에서 의미가 탄생한다. 데리다는 다음과 같이 말했다.

"모든 의미는 시간과 공간의 간격에서 생성된다. 시간적 공간내기를 통해 이해하는 것은 인식 체계의 근간이다."

폐목욕탕을 정원으로 바꾼 마법이 돋보이는 화성시 소다미술관의 소사나무 정원이다. 이 정원은 건물의 잔해와 식물 간의 관계에서 심미적 체험이 발생한다. 건물의 잔해는 과거를, 건물의 잔해를 뒤덮고 자라나는 식물은 미래를 내포한다. 상호 대비와 오묘한 공존에서 신비로움이라는 미적 체험이 가능해진다.

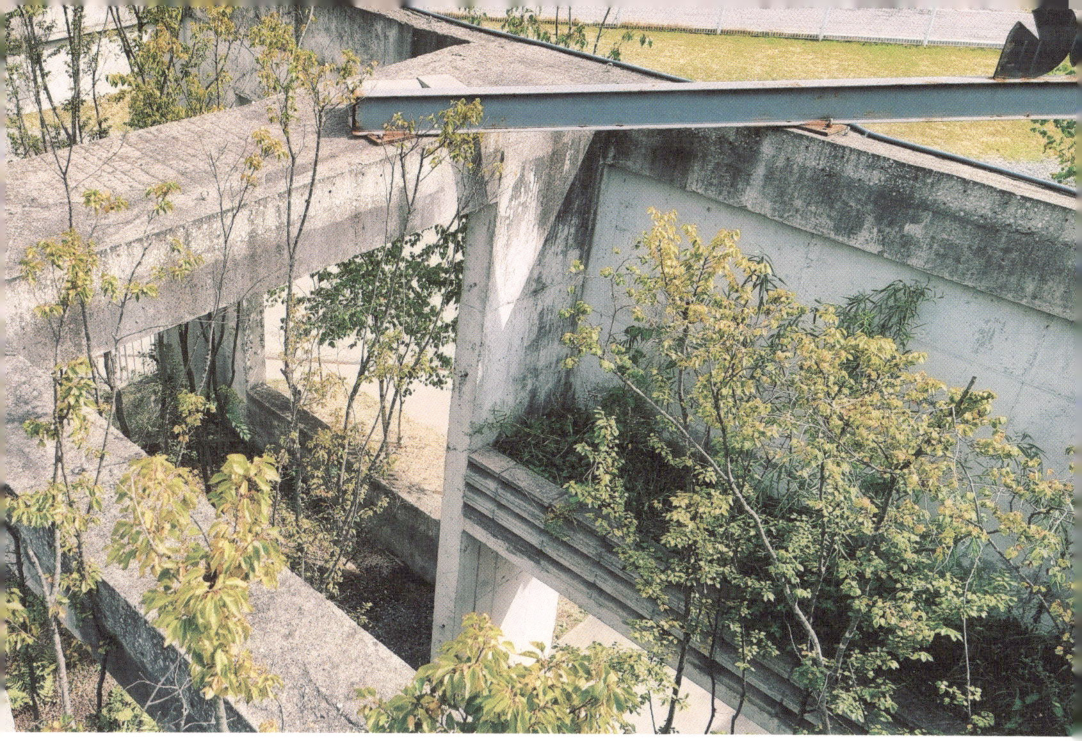

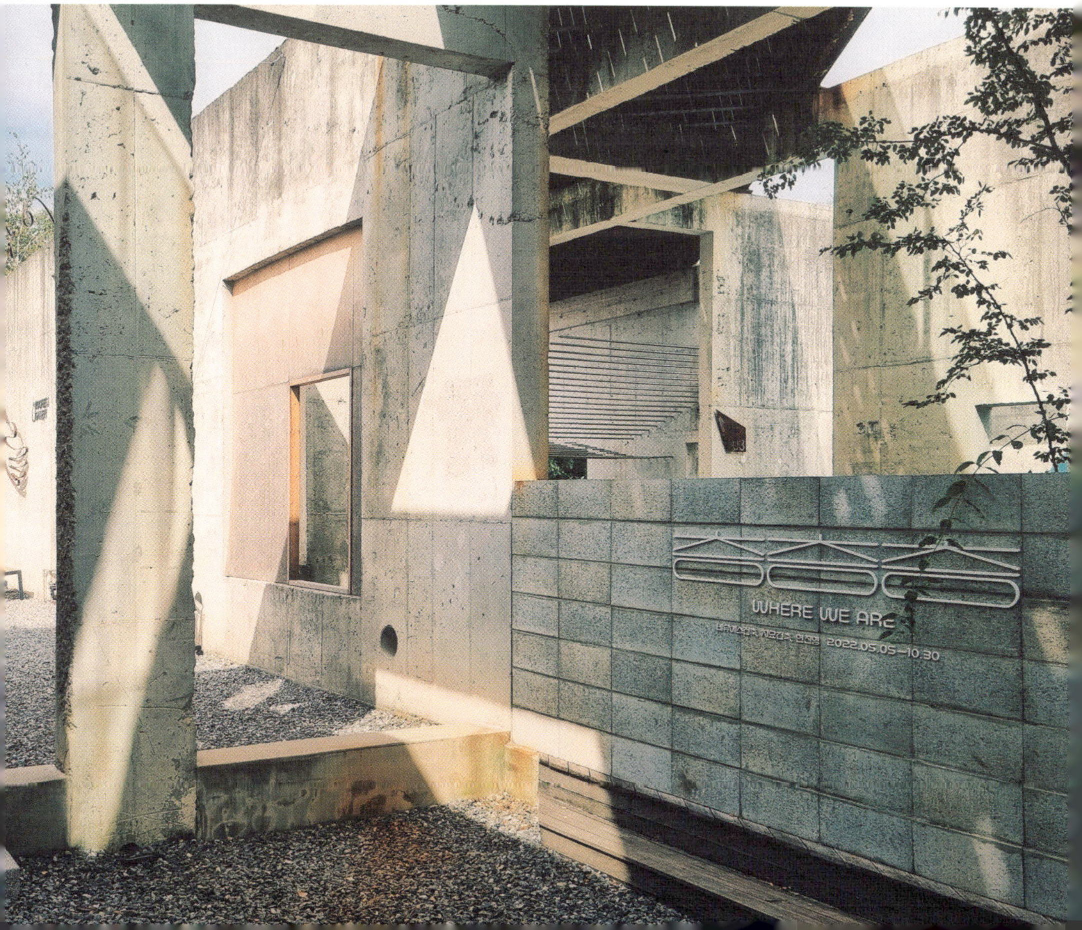
WHERE WE ARE
2022.05.05–10.30

정리하면, 데리다는 만물의 '의미 생성 기제'를 '시공간적 틈'이라고 보았다. 그리고 '의미 생성 조건'을 '현재의 것이 현재가 아닌 것과 관계를 맺을 때 발생하는 차이'라고 보았다. 도토리, 다람쥐, 의자처럼 다양한 객체가 가진 의미가 발생하는 근원을 데리다는 '차이'라고 생각했다.

데리다의 차연 개념은 포스트모더니즘적 사유의 근간이 되었다. 관계 맺기의 중요성을 시공간적 틈에서 찾은 것이다. 이러한 데리다의 존재론은 정원에 적용해 볼 수 있다. 앞서 소개한 <정원 디자인 접근법>에서도, 정원 디자인의 도구를 '시간과 공간'으로 설명한 것과 같이, 데리다의 존재론은 정원가에게 매우 큰 영감을 선사한다. 공간의 시간되기, 시간의 공간되기는 매우 관념론적인 것 같지만, 앞서 도토리와 의자의 관계처럼 구체적이다.

정원은 감상하는 것이다. 오감을 동원해 인상을 얻고 감정을 발산하며 경험을 덧씌워 추억을 만든다. 이처럼 사람이 정원과 공명하는 일련의 과정에서, '인식'은 매우 중요하다. 익은 감과 땅에 떨어진 모과, 팥배나무 열매를 먹으러 온 직박구리는 어떻게 관람자에게 인식될 것인가. 정원가는 관람자의 인식을 어떻게 유도할 것이고 어떤 인상을 줄 것인가. 그 해답이 데리다의 차연에 있다.

강북구 북서울꿈의숲공원에 있는 서울정원박람회 작가정원,
'하얀 바람'이다. 흰색 담장은 반복과 차이의 리듬을 만들어내고 있다.
반복에서 차이가 발생하고 차이에서 반복이 발생한다는 상호의존성을
조형적으로 이해할 수 있는 정원이다.

정원을 읽다

자하문 밖, 부암동에 있는 환기미술관의 계단의 정원이다.
계단 폭의 변화로 인해 공간의 심도가 극적으로 강조된 장소감이 인상적이다.
좋은 정원가는 시각적 착시를 활용하여
장소의 특색을 만들고 의미를 부여한다.

지금까지 정원에 대한 영감 찾기를 해보았다. 본 단락을 마무리 지으며, 한국의 철학자 이광래가 제시한 '예술가의 공간'에 대해 소개하겠다. 그에 따르면, 예술가는 작품 창작을 위한 두 가지 공간을 갖고 있다. 첫 번째는 '인자형 공간'이고, 두 번째는 '표현형 공간'이다. 정원가도 예술가이기에 이광래가 강조한 두 가지 공간은 정원가에게 의미가 깊다.

먼저, '인자형 공간'은 결과인 작품이 나오기 이전 상상의 단계이다. 작품이 완성되는 것의 충분조건이며, 이미지가 생성되는 공간이고 새의 둥지와 같다. 창작의 과정이 이루어지는 공간이라서 실재와 허구가 혼존하며, 가시적이거나 비가시적인 공간이다. 다음으로, '표현형 공간'은 상상의 단계를 거쳐 작품이 완성된, 작품이 점유한 공간이다. 작품 완성의 필요조건이며, 창작 과정의 마침표다. 작품이라는 결과가 나타나고 실재하며, 가시적인 공간이다. 예술가는 인자형 공간에서 고민한 것을 표현형 공간에서 완성한다.

인자형 공간과 표현형 공간의 특성 비교

인자형 공간	표현형 공간
충분조건	필요조건
상상 및 해석	공간을 점유하는 실체
이미지 생성	이미지 표현
가시적·비가시적	가시적
실재·허구	실재적
둥지 영역	활동 영역
과정	결과

　모빌로 잘 알려진 현대 조각가, 알렉산더 칼더Alexander Calder를 예로 들어보자. 모빌이 완성되기까지의 알렉산더 칼더의 '인자형 공간'은 모빌의 영감이 되었던 '복잡한 기계 운동'과 '신비로운 천체의 움직임'이었다. 그는 공간과 시간을 가로지르는 기계의 운동과 천체의 움직임을 인자형 공간으로 삼았다. 기계의 미시적인 섬세함과 천체의 거시적인 과감성은 칼더의 상상력을 자극하는 둥지 영역이 되어, 모빌이라는 표현형 공간으로 드러나기까지 다양한 시도가 일어나는 창작 과정의 장, 즉 인자형 공간이 되었다.

인자형 공간과 표현형 공간을 제안한 이광래는, 이미지표현의 산물의 외연을 확장하기 위해, 인자형 공간을 '비가시적 공간'으로 넓히는 과정이 곧 미술사의 변천 과정이라고 역설했다. 그리고, 이러한 과정에서 '미학적 이계 교배'를 통해 '통섭성' 획득이 이루어진다고 말했다. 화가가 비가시적 영역에서까지 영감을 얻는다는 것은 매우 다양한 곳에서 영감을 찾기 위해 노력한다는 것과 같다. 그리고 '이계교배', 즉 다양한 관계를 맺는다는 것은 들뢰즈의 리좀, 데리다의 차연을 연상케 한다.

동탄 호수공원의 허브정원이다. 사면의 노출된 지층을 은유한 조형성이 돋보인다. 구조물은 인위적이지 않고 지면의 흐름에 유순하게 따른다. 이 정원의 인자형 공간은 지층이며 표현형 공간은 코르텐강의 옹벽이다.

좋은 정원가는,
정원을 구상하는 것에 있어서,
문학과 철학, 미술과 음악을
포괄하여 매우 다양한 영역과
통섭을 이루고자 노력한다.

조각보와 같은 본 책에서는,
영감을 얻을 수 있는 분야의
예로, 동양고전을 대표하는
노장사상과 현대철학을 대표하는
포스트모더니즘을 가져왔다.

노장사상의 노자와 장자,
포스트모더니즘을 대표하는
들뢰즈와 데리다의 관점은
정원가의 사유를 매우
말랑말랑하게 해준다.

'정원에 대해 사색한다'는 곧, '정원 밖에서 정원을 생각할 때' 비로소 유의미하다.

좋은 정원가는,
언제나 정원 밖에서 정원을 바라본다.

동탄 롯데백화점의 테라스 정원에 있는 작은 연못과 디지털 조형 작품이다.
스크린에는 다양한 미디어아트가 송출된다. 그리고 마치 미메시스와 같이
수면에 반영되어 데칼코마니를 이루는 거울 연못 정원이다.

용인에 있는 카페, 'TIME TO B'의 정원이다. 고요하고 차분한 중정의 연못 가운데에는 이끼석이 자리 잡고 있다. 이끼석을 타고 내려오는 부드러운 물줄기가 맑은소리로 중정을 채운다.

4장
요즘 정원

4장에서는,
큰 화제가 된 우리 고유의 정원 양식,
제주의 베케정원을 살펴보고
미래 도시에서 필수 불가결한 정원 양식,
폐허의 정원, 선유도공원을 살펴본다.

그리고 이 두 정원이 시사하는 요즘 정원
과 앞으로의 정원에 대해 생각해 본다.

김영갑갤러리 두모악은 제주를 사랑한 김영갑 사진가가 폐학교를 인수하여
직접 손으로 만들어 낸 사진 작업실과 갤러리 그리고 감나무와 팽나무의
정원이다. 누구보다 살아생전 제주를 사랑했던, 제주를 바라보았던
사진작가가 손수 만든 정원은 그 의미와 풍미가 깊다.

제주의 정원, 베케정원과 한형수정원이 시사하는 것

제주도 서귀포에 있는 정원, '베케'는 제주도 사람의 삶 속에서 우러나온 고유한 정원으로서 그 의미가 깊다. 베케정원은 일상의 부산물, 삶의 흔적이 정원이라는 공간 예술로 승화된 매우 값진 우리나라의 정원이다. 그리고 협재해변 인근에 있는 정원, '한형수정원'은 제주의 경관을 추상화하여 정원 속에 재구성한 매우 특색있는, 제주에서만 가능한 독창적 정원이다. 본 단락에서는 두 정원의 디자인 특성에 대해, 다음과 같이 심도 있게 다루고자 한다.

1) 치열한 삶의 흔적이 정원이 되기까지, 베케정원
2) 제주의 경관이 정원에 담기기까지, 한형수정원
3) 베케정원과 한형수정원이 시사하는 요즘 정원, '제주정원'

김영갑갤러리의 정원에는 짝이 맞는 것이 없다. 모두 다른
석물들이 어우러진 해학적인 정원이다. 사진작가 김영갑이
천천히, 우연이라는 아름다움을 첨가해서 만들어 나간
세상에 단 하나뿐인, 한 사람의 인생을 품어낸 정원이다.

이어서 김영갑갤러리의 정원이다. 현무암 돌담은
줄사철과 마삭줄이 뒤덮어 사철 푸르고 감나무와
팽나무는 서로에게 기대어 제주의 강풍을
이겨내며 자라고 있다. 고사리는 방문객의 발목을
어루만지며 이곳에 사진가가 살았다고 알려준다.

요즘 정원

1) 치열한 삶의 흔적이 정원이 되기까지, 베케정원

　제주의 경관은 제주 사람이 제주의 자연 속에서 살아가고자 하는 의지가 진하게 배겨있다. 제주의 자연이 빚어낸 천혜의 풍광과 제주 사람이 땀 흘려 일군 보금자리가 서로 맞물리는 것이다. 제주의 경관은 자연경관과 문화경관이 서로 긴밀한 상호 의존적 관계를 맺고 있다. 이러한 제주 경관의 특성이 담긴, '베케정원'에 대해 알아보기에 앞서, '베케'에 대해 소개하겠다.

　'베케'는 무엇인가. 제주의 비옥한 밭을 쟁기로 일구던 시절, 밭에서 현무암 돌덩이들이 많이 나왔다. 그 돌로 밭의 가장자리에 돌담을 쌓게 되었고 이것이 우리가 익히 알고 있는 제주의 현무암 돌담길이다. 다만, 돌담만 있던 것은 아니다. 시간이 흘러, 돌담이 무너지고 어지러이 쌓여 돌무더기가 되었다. 제각기 다른 크기와 모양의 검은 돌들이 무심하게 쌓여있는 '돌무더기', 잊히고 버려진 쓸모없음의 장소가 바로 '베케'이다.

베케정원의 상징인 현무암 '돌무더기'와 고사리가 있는 이끼 정원과 빗물 정원이 보인다. 그리고 쪽동백과 솔비나무가 그려내는 부드러운 여름 그림자가 이끼와 한데 어우러지는 모습이다.

베케정원에서 가장 강한 위요감과 인공감이 연출된 입구 정원이다.
등나무는 건너편 벽에 자기 잎 그림자를 진하게 남긴다.
벽면의 그림자는 추상화가 되어 해의 각도에 따라 시시각각 변화한다.

이러한 베케는 제주의 흙에서 자라나는 것을 먹고 자란 제주 사람의 '삶의 상흔'이다. 척박한 자연에 대한 극복이자, 비옥한 땅에 대한 수용이며, 내가 먹고살아야 한다는 생존에 대한 의지이자, 자식을 먹여야 한다는 모성애의 흔적이리라. 그래서, 베케는 치열한 삶의 상흔이다.

베케는 생명을 품을 여유를 돌과 돌 사이의 틈으로 지닌다. 베케는 동식물이 자라날 공간을 내어준다. 베케는 사람이 만들었지만, 수많은 곤충과 식물에 풍요로운 은신처이자 서식처가 되었다. '베케정원'을 만든 김봉찬은 베케에 대해 다음과 같이 말했다.

"베케는 사람이 만들었으나
자연을 거스르지 않고
사람과 자연이 서로를 품어주며
하나가 되는 가치 있고 새로운 공간이다."

제주 사람이 제주의 자연 속에서 정주하기 위해 걸러낸 장애물, 농사에 불필요했던 돌을 걸러내 쌓아둔 돌무더기 베케. 사람이 밭을 일구기 위해 자연에서 빌린 땅만큼, 사람은 베케를 만들었다. 그리고 사람의 의도와 관계없이, 베케는 제주의 생태계에 유의미한 장소가 되었다. 그래서 제주 사람은 자연에 빌린 만큼 돌려주게 되었다.

제주 사람은 제주 자연에 비옥한 땅을 빌렸고 동식물이 자라날 공간으로 갚았다. 서두에서 강조한 바와 같이, 자연과 사람이 서로 긴밀하게 맞물려 있다는 것은 이러한 이유에서다.

베케정원은 카페를 품고 있다. 카페는
정원의 땅보다 낮게 틀어 앉았다.
사람의 눈높이가 지면의 흙과 동일하고
시선은 이끼의 잔잔함을 쫓게 된다.
베케(돌무더기)를 바라보는 만화경
같은 공간이 인상적이다. 창문은 거대한
스크린이 되고 의자는 좌석이 되어, 정원을
감상하는 극장과도 같은 공간이 되었다.

그뿐만 아니라, 베케는 '놀이터'가 되었다. 아이들에게 베케는 그 자체로 흥미로운 공간이었다. 돌무더기 위를 건너 뛰어놀고, 돌 틈의 곤충을 잡고 놀았다. 농부들에게 베케는 돌에 기대앉아 새참을 먹는 '휴식의 장소'가 되어주었다. 이것만으로 베케는 이미, '제주 사람들의 공동 정원'이나 다름없었다. 김봉찬은 이러한 베케가 현무암 경관 곶자왈과 닮았다며 다음과 같이 말했다.

"척박한 돌밭을 일구며 살아온
제주 사람들의 흔적이 고스란히 배어있는
베케의 문화적 가치는 곶자왈과 맞닿아 있다."

베케정원은 곶자왈의 풍경을 표상한다. 곶자왈은 한라산의 화산활동으로 분출된 다양한 용암이 쌓여있는 암석지대 위로, 식물이 자라 원시림을 이룬 제주의 숲이다. 곶자왈에 내리는 비는 암석 사이로 스며들어 제주의 지하수가 된다. 그래서 곶자왈은 제주의 허파라고 불린다. 암석이 어지러이 쌓여있는 돌무더기 숲이라는 점에서, 자연이 만든 베케라고 할 수 있다. 덕분에 이 숲은 사람들이 쉽게 경작하지 못했고 천연림으로 남게 되었다.

베케정원은 제주 고유의 자연경관과 향토적 정서를 담은 한국형 '자연주의 정원'의 진수이다. 이때, 자연주의 정원이란, 생태적 설계를 기반으로 하되, 원예적인 심미성을 성실히 추구하는 정원이다.

가장 무더웠던 8월 말, 베케정원은 맑았다. 돌무더기의 이끼는 제주도의 고온다습한 여름을 즐기며 한껏 부풀어 올랐고 다양한 품종의 목련 나무는 그 어느 때보다 잎의 윤기를 반짝였다.

'제주의 허파 곶자왈'과 '밭 주변 돌무더기 베케'를 표상하는 베케정원은 제주의 자연경관 속 질감과 식생을 연출하고 농부들의 쉼터와 아이들의 놀이터가 되었던 돌무더기의 향수를 불러일으킨다. 베케정원은 삶 밖의 자연으로 곶자왈의 숭고미를, 삶 속의 자연으로 돌무더기 베케의 친근함을 동시에 갖고 있다. 관람자로 하여금 양가감정을 일으키는 것은 베케정원의 흥미로운 특성이다.

고사리와 같은 포자식물과 상록 활엽수종이 이루는 제주 숲의 활기는 대단하다. 잔디 대신 현무암 자갈과 암석, 그리고 비가 올 때만 물이 고여 연못이 되는 저류지의 비단이끼는 돈내코 계곡의 신비함을 닮았다. 베케정원은 작열하는 태양을 먹고 자라는 넓은 잎의 나무 아래로, 습하고 어둡고 아늑한 이끼 지면이 펼쳐진다. 관람자는 베케정원을 걸으며 뜨거운 햇살, 시원한 그늘, 차가운 이슬, 생명의 태동을 촉진하는 습도를 느낀다. 베케정원은 다분히 촉각적이고 그래서 생생하다. 제주 자연의 거친 모습과 친근한 모습을 피부로 전달한다. 원생 자연의 낯설고 신비한 모습이 가감 없이 드러나는가 하면, 섬세하게 배치된 초화류의 고운 빛깔이 친근하게 피부에 스친다.

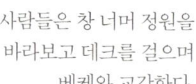

사람들은 창 너머 정원을
바라보고 데크를 걸으며
베케와 교감한다.

베케정원에서
'현지인'은 대를 이어온 제주에서의 삶을 회고하고,
'외지인'은 제주의 풍요로운 신비감에 압도된다.
'아이들'은 돌 사이를 뛰어놀고,
'어른들'은 감상에 젖는다.

솔비나무의 활기 넘치는 질감과
돌무더기 베케의 거친 질감을
부드러운 이끼가 어루만져
오묘한 조화를 이루는 모습을
볼 수 있다.

물이 고이는 골에는 각종 고사리가 자리 잡고 있다.

담압이 생기지 않도록 정원의 보행로가 데크로 되어있는 모습을 볼 수 있다.
데크 아래로 비가 올 때만 물이 고이는 빗물 정원이 이어진다.

2) 제주의 경관이 정원에 담기기까지, 한형수정원

　　한형수정원은 제주에서 사랑받는 해변 중 하나인 협재해변 근처에 있다. 정원 작가 한형수의 이름을 딴 한형수정원은 생태적 사고방식에서 출발한 베케정원과 달리, 순수하게 심미적 관점에서 제주의 경관을 표상하고자 했다. 그래서 한형수정원은 독창적인 '조형예술로서의 정원'이다.

　　한형수정원은 부지의 자연 암반을 들어내 활용하며, 은둔미가 가득한 미로 같은 공간을 창출했다. 특히, 대포주상절리대의 해식 절벽과 색달해변의 모래사장과 사라오름의 산정호수, 곶자왈의 숲, 광치기해변과 성산일출봉을 추상화하였다. 또한, 농부들의 삶 속 손때 묻은 다양한 장구를 조형 작품으로 승화하여 정원 속에 전시하였다. 한형수정원은 하나의 언어로 정돈된 정원이 아닌, 군데군데 다양한 생각을 드러낸 조각보와 같은 정원이다. 그래서 정원을 걷고 있노라면 거대한 화랑에 온 듯하다.

대포주상절리 동쪽 해안이다. 현무암이 가득한 바위 해변이다. 다양한 용암을 볼 수 있는 장소로, 제주도가 화산섬이라는 것을 다시금 느낄 수 있는 곳이다.

비가 내리는 날에만 폭포가 생긴다는 천지연 제1폭포다. 이곳 역시 주상절리가 발달한 지형이 이색적인데, 세로로 길게 쪼개진 듯한 암벽이 거대한 무대의 장막, 혹은 스크린처럼 온몸을 펼치고 있다. 그 아래로는 용천수가 흘러나와 에메랄드빛 계곡을 이룬다.

제주의 특색인 주상절리 지형이 가장 잘 드러나는 곳, 서귀포에 있는 대포주상절리이다. 거친 파도를 거슬러 해수 위로 융기한 듯한 돌기둥들이 아름답다.

담팔수 숲의 가장 깊은 곳, 천제연 계곡의 천제연폭포다. 제주 3대 폭포 중 하나인 천제연폭포의 장엄함은 이루 말할 수 없는데, 두 줄기의 쌍을 이루는 폭포수가 거대한 담팔수와 멀구슬나무 숲에 둘러싸인 모습이 매우 웅장하다

천지연 폭포 가는 길목, 천지연관개수로는 베케와 마찬가지로 제주 자연과 제주 사람이 어우러진 대표적인 사례이자 유적이다. 제주를 대표하는 폭포 중에서도 삼단폭포이자 겸재 정선의 그림으로 유명한 천지연 폭포는 지표수가 귀한 제주 서귀포 주민들에게 주된 수 공급처였다. 도민들은 천지연 계곡물을 밭에 대기 위해 관개수로를 만들기로 했는데 1905년 계획적으로 개설된 총길이 1.9km의 대규모 천연암반 관개수로가 되었다. 이 토목공사는 기적에 가까운 일이었다. 험준한 지형에 중장비 없이 사람의 손으로 일궈낸 토목공사는 자연의 훼손을 최소화하고 생태계에 인공의 개입을 최소화하며 기존 지형지물을 최대한 활용하는 매우 친환경적인 작업이었다. 이러한 수로는 삶에 대한 끈기의 산물로 여겨진다. 이렇듯 제주도민은 거뜬히, 그러나 가볍지 않은 자세로 자연에 임해왔다. 제주의 자연은 그들에게 삶 속 친숙한 도전과제이자 조금은 개성이 강한 이웃사촌 정도였으리라.

제주의 대표적인 자연경관을 은유하는 한형수정원은 구석구석마다 다양한 작은 정원이 숨어있다. 한형수정원은 '설치예술의 정원화'를 시도했고, 개별 정원들의 군집으로 전체 공간이 완성되는 구조를 띤다. 다양한 작은 정원을 액자 형식으로 품고 있다. 본 단락에서는 한형수정원의 독창성을 대표하는 총 네 가지의 개별 정원을 소개한다.

'해식 절벽의 정원'
'현무암의 정원'
'성산일출봉의 정원'
'사색의 정원'

천지연 제2폭포다. 제1폭포에서 더 깊숙하게 계곡 아래로 내려가면 볼 수 있는 마법 같은 구실잣밤나무 숲속 폭포이다.

'해식 절벽의 정원'

개별 정원의 군집으로 이루어진 한형수정원의 전체 공간에 조화와 통일을 부여하는 '해식 절벽의 정원'은 지형의 단차를 활용하여 공간을 상하로 구분하는 옹벽과 공간을 아늑하게 위요하는 담장으로 드러난다. 이때, 담장은 대포주상절리의 현무암 절리대를 연상시킨다. 검은 현무암으로 이루어진 돌담은 서귀포의 아찔한 절벽 해안을 닮았다. 굽이굽이 흐르는 복잡한 해안가의 곡선을 가감없이 드러낸다. 이러한 주름진 담장은 공간을 밀어내거나 껴안는다. 담장 위로는 제주의 육지가 연상되도록 잔디밭을, 담장 아래로는 제주의 해변과 바다가 연상되도록 모래와 자갈을 깔았다.

장엄한 제주 서귀포의 해식 절벽이 담긴 한형수정원이다. 해식 절벽과 같이 나열된 검은 화산암이 햇빛에 반짝인다.

돌출된 담장은 해변의 곶을, 움푹 들어간 담장은 해변의 만을 은유한다. 서귀포의 해변 풍광이 응축된 듯하다. 움푹 파여 감싸진 공간마다 다채로운 조형 작품을 품도록 하였고, 담장의 넘실대는 곡선과 주름 덕분에 안쪽 공간이 쉽게 보이지 않는다. 담장 너머의 시선을 차폐함으로써 공간의 은둔미를 창출한다. '해식 절벽의 정원'을 이루는 주름진 담장 덕분에 큰 공간 속에 작은 장소들이 생겨나고, 작은 장소들을 효과적으로 품고 숨긴다. 그래서 더욱 신비롭고 흥미로운 공간이 된다. '주름'은 공간에 대한 궁금증을 유발하는 탁월한 조형적 방법임을 알 수 있다.

기존 터에 있는
화산암을 들어내
정원 요소로
활용했다.

'해식 절벽의 정원'은 제주도 고유의 자연경관을 함축하며
큰 공간을 세분화하고 공간의 흥미로움을 더한다.
제주를 표상하는 한형수정원의 독창성이 드러난다.

'현무암의 정원'

'현무암의 정원'은 필자가 가장 사랑하는 장소이다. '현무암의 정원'은 앞서 소개한 '해식 절벽의 정원' 속에 포함된 정원으로, 한형수정원의 액자식 구성이 돋보인다. 돌담이 움푹 들어가 해변의 만을 은유하는 공간에 조성된 '현무암의 정원'은, 화산활동으로 분출된 거대한 용암 방울이 바로 바닷속으로 들어가 급작스럽게 식어야 가능한 둥근 현무암을 활용했다.

만의 가장 깊은 곳에서부터 크기순으로 나열된 둥근 현무암은 부드러운 동세를 그린다. 그 주변으로는 동백나무와 제주아그배, 제주윤노리, 꽝꽝나무, 고사리가 해식 절벽을 부드럽게 감싼다. 모두 제주의 자생종이며, 제주를 상징하는 값진 식물이다. 나무는 하나같이 자연스레 허리를 굽혀, 절벽 아래 모래사장에 나열된 현무암을 바라본다. 해풍에 뿌리 뽑힐까, 걱정하며 척박한 바위틈에서 잔뜩 웅크린 채, 수 세기 동안 자리를 지켜온 해안가 나무의 표정이 드러난다. 고난 속에서도 본연의 가짓결을 조심스럽게, 부드럽게 펼쳐낸 제주 나무의 인고가 작디작은 정원에서 재현된다.

'현무암의 정원'에는 제주의 자연이 너무도 고요하고 담백하게, 그러나 매우 직설적으로 담겨있다. 그 차분함에 서린 과감성이 돋보인다. 작은 정원에 잠시 머무르며 돌과 나무를 응시하는 것만으로도, 돌과 나무가 건네는 반짝이는 제주의 이야기를 들어볼 수 있다. 큰 바위가 모래알이 되기까지의 영겁의 시간을 표상하는 이 놀라운 장소는, 정원이 품을 수 있는 세월의 깊이감을 보여준다.

바위가 모래가 되기까지, 풍화라는 영겁의 시간을 품은 현무암의 정원이다.

동백나무, 녹차나무, 제주아그배, 제주윤노리, 꽝꽝나무, 마삭줄과 백화등이
부드럽게 공간을 감싼다.

'성산일출봉의 정원'

한형수정원에는 다양한 돌이 있다. 구멍이 뚫린 관통석과 물이 고이는 담수석이 무척 아름답다. 이 중에, 정원의 무게중심이 되어주는 가장 크고 듬직한 바위가 있다. 이 바위는 가까이 다가가서 곁에 있는 기단석을 밟고 올라서야만 꼭대기에 고여있는 작은 연못과 물을 볼 수 있다. 제주털진달래가 붙어 자라는 이 바위의 꼭대기를 바라보노라면, 사라오름의 산정호수와 성산일출봉이 떠 오른다.

거대한 바위 주변으로 베케와 같은 무너진 돌담의 돌무더기가 공간을 감싼다. 상대적으로 작은 돌덩이들이라 중앙에 있는 큰 바위의 크기가 더욱 강조된다. 성산일출봉이 연상되는 크기에 압도되어 다가가면, 해변을 은유하는 모래사장 위로 선박의 선착장처럼 보이는 현무암 판석이 우리의 걸음을 큰 바위 바로 옆까지 인도한다.

성산일출봉과 같은 큰 분화구를 가진 거대한
바위가 돋보인다. 거대한 바위에 다가가면
사라호수의 산정호수가 연상되는
작은 연못을 볼 수 있다.

바위 옆에 이르러, 바위의 안쪽 깊게 파인 곳을 들여다보면 해송과 마삭줄, 고사리가 감싸고 있는 작은 연못이 보인다. 아담하지만 마치 산정호수의 잔잔한 수면을, 성산일출봉의 박력 넘치는 분화구를 내려다보는 듯하다. 담수석의 움푹함을 성산일출봉의 분화구라고 상상하는 순간, 돌을 내려다보기 위해 두 발로 딛고 서있는 현무암 판석은 섭지코지의 너른 들판이 된다. 이내 관람자는 거인이 되어, 섭지코지에서 해풍을 맞으며 광치기해변 너머의 성산일출봉을 내려다보는 듯한 환상에 잠긴다.

디딤돌을 밟고 올라가서 큰 바위의 담수를 바라본다. 산정호수처럼 바위의 능선에 둘러싸인 아담한 연못이 인상적이다.

'사색의 정원'

한형수정원은 곳곳의 아담한 공간을 사색이 가능한 장소로 만들었다. 그 자체로 오브제가 되는 미니어처 의자와 그랜드 피아노, 잔디를 뿜어내는 장독대가 대표적이다.

만개한 여름 배롱나무의 그늘에서, 여름 햇살에 빛나는 소철의 잎사귀 아래에서 쉬고 있는 듯한 작은 의자는 의자이기 이전에 조형 작품이 된다. 오브제로 승화된 것이다. 관람자는 의자에 앉기도 하지만, 작은 의자 그 자체에 감정을 투영한다. 의자를 보노라면, 마치 의자가 내게 말을 건네는 듯하다. 이리와 앉으라고, 많은 사람이 이곳에 다녀갔다고 말을 건네는 듯하다.

단출한 의자 하나가 덩그러니 놓인 장소는 왠지 애틋하다. 의자에 짝이 없어서일까. 한형수정원 속 다양한 의자의 공간은 우리로 하여금 상상을 재촉한다.

배롱나무 아래 쉬고 있는 작은 의자가 인상적이다.

공원을 걷다 보면, 한여름 만개한 산호색 능소화로 뒤덮인 돌담 사이로 그랜드 피아노가 나타난다. 능소화 꽃그늘에서 그랜드 피아노를 바라본다. 어디선가 연주자가 나타나지 않을까. 필자는 바쁜 일정으로 건반을 눌러보지 못한 것이 아직도 후회된다. 언젠가 다시 방문한다면, 피아노를 연주할 수 있는 친구와 함께 가보고 싶다.

능소화에 둘러싸인 피아노의 정원은
간간이 관람객의 연주로 인해 활기를 얻는다.

쓰러진 항아리에서 잔디가
쏟아진다. 잔디는 물결이 되어
정원의 입구까지 흘러간다.

또 몇 걸음 걸어가면, 이번에는 쓰러진 장독대를 발견할 수 있다. 장독대는 자신의 품에 초록색 잔디를 가득 담고 있었나 보다. 지면으로 누운 장독대의 어두운 주둥이 속에서 잔디가 쏟아져 나온다. 잔디는 정원의 모래사장으로 퍼져나간다. 정원 입구에서부터 본, 물결치는 잔디밭이 이 장독대에서 나왔다는 것을 이내 깨닫는다. 공간에 흥미로운 사건과 이야기를 녹여낸 한형수정원에서는 은유와 묘사가 자아내는 정원의 미적 풍요가 얼마나 눈부신지 알 수 있다.

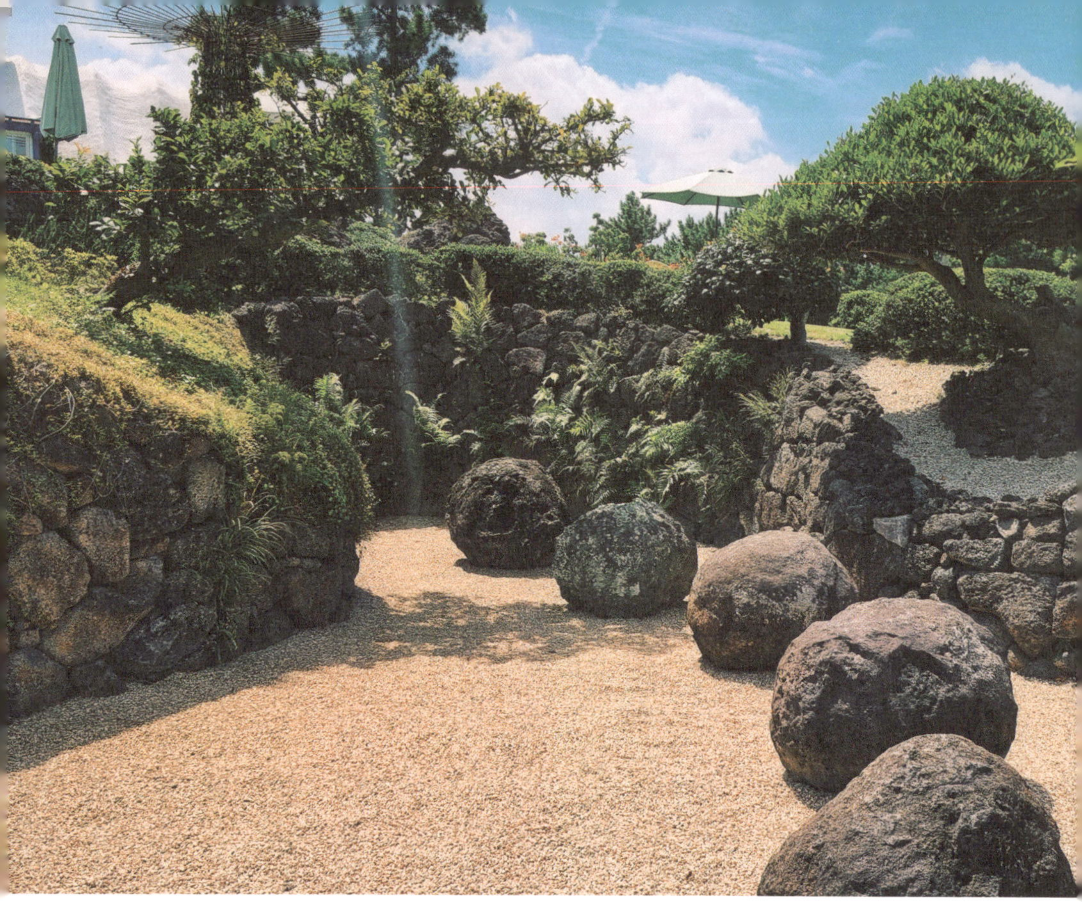
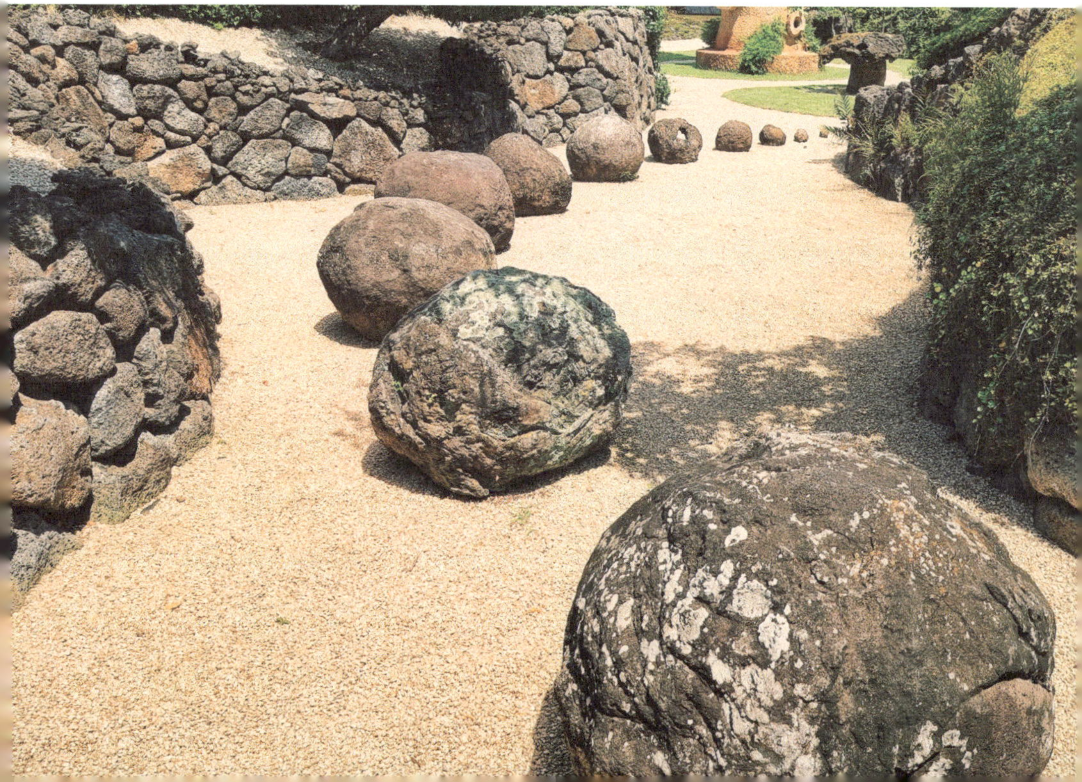

3) 베케정원과 한형수정원이 시사하는 요즘 정원, '제주정원'

필자가 제주를 여행하며 꼽은 세 개의 정원에는 '베케정원', '한형수정원', '김영갑갤러리 정원'이 있다. 이 정원들은 모두, '제주 자연에 의한, 제주 사람이 만든 정원'이다. 이 중에서, 본 단락에서는 김영갑갤러리 정원을 제외한 두 가지 정원을 살펴보았다. 대신 김영갑갤러리 두모악정원은 사진 캡션으로 다루어 보았다.

'베케정원'과 '한형수정원'의 유래와 조형적 특성은 제주의 향토성을 그대로 반영한다. 두 정원은 제주의 풍광을 경관생태학적으로, 미적으로 치밀하게 표상한다. 베케정원은 제주 사람의 삶이 만든 자연경관을 드러내고 한형수정원은 제주의 천연 자연이 자아낸 조형적 심미성을 은유한다. 다시 강조하지만, 두 정원은 '특정 장소적 정원'으로서 제주도에서만 가능한 정원이다.

정원가는 두 정원을 보며, 고유한 지역적 특색을 살린 정원을 만들어 내는 '발굴적 창조 과정'에서 큰 영감을 얻을 수 있었다. '베케정원'과 '한형수정원'은 삶과 자연을 가장 진하게 담아낸 한국을 대표하는, 제주의 정원이다.

돌이 모래가 되어가는 영겁의 시간을 은유한 현무암의 정원은 무한에 가까운 풍화의 세월을 작은 공간에 구현해 냈다.

폐허의 정원, 선유도공원이 시사하는 정원

선유도공원 그리고 마포문화비축기지는 포스트인더스트리얼 디자인Post Industrial Design이 적용된 대표적인 곳이다. 시민을 위한 선유도공원은 본래 폐쇄된 정수장이었고, 문화예술공간인 마포문화비축기지는 본래 폐쇄된 석유비축기지였다. 이처럼, 포스트인더스트리얼 디자인은 쓸모가 없어져 버려지거나 유기된 공간을 재활용하는 것을 의미한다. 그래서 포스트인더스트리얼 디자인은 도시재생, 도시침술과 관계가 깊고 근래에는 정원 분야에서도 시도되는 디자인 양식이 되었다. 본 단락에서는 포스트인더스트리얼 디자인의 의의를 살펴보고 정원화 된 사례로서 선유도공원의 정원 공간을 소개한다. 그리고 사진 캡션을 통해 마포문화비축기지를 포함하여 다양한 폐허 정원을 소개한다.

압구정 현대백화점의 옥상정원은 폐허의 정원을 현대적으로 세련되게 풀어내었다. 의도적으로 노출된 옥상의 기둥 구조물을 능소화가 피복하고 있다. 여름의 만개가 기대되는 정원이다.

1) 도시 폐허의 재생
2) 폐허의 정원화, 포스트인더스트리얼 가든
3) 녹색 기둥의 정원이 시사하는 요즘 정원, '재생'

요즘 정원

1) 도시 폐허의 재생

　인간 문명의 산물은 공간에서 구체화된다. 도심은 끊임없이 개발되고 노후화된다. 도심의 건축적 발달은 그만큼의 유기와 재개발을 수반한다. 현대 도시는 다양한 폐허 문제를 끌어안고 있다. 유기된 땅과 유기된 땅을 재활용하고자 하는 도시재생, 그리고 도시 침술에 대해 살펴보자.

(1) 유기된 땅, 기능경색과 유적
(2) 도시재생, 열화와 풍화
(3) 도시침술과 국소정원

베케의 한 켠에는 폐허의 정원이 있다. 본래 정원
부지에 있던 작은 창고 건물을 부수고 남은 터를
정원으로 재구성했다. 부서진 콘크리트 외벽이
조형물처럼 보이고 유적처럼 신비스럽기도 하다.

(1) 유기된 땅, 기능경색과 유적

현대 도시는 빠르게 가치가 변화한다. 가치가 집적되는 공간도 매순간 변화한다. 결절점의 좌표가 시시각각 바뀐다. 그래서, 도심 속 공간은 결절점으로서의 중요한 지위를 쉽게 얻기도 하고, 빠르게 잃어버리기도 한다. 이러한 도시의 특성상, 도심 속 공간은 기능 변화에 탄력적으로 대응해야만 효율성을 잃지 않고 오랜 시간 온건하게 이용할 수 있다.

하지만, 지난 시간 동안 도심 속에는 그렇지 못한 공간이 더 많았다. 공간의 기능이 한정적이고 경직되어 있으며 단기적 목표에 따라, 광범위하게 획일적으로 개발된 공간이 너무도 많았다. 이러한 근현대의 공간은 현대 도시로 넘어오는 과도기에 대부분 그 기능과 지위를 상실했다. 가치를 잃는 순간, 다시 엄청난 재화를 들여 재개발을 감행해야 했고, 재개발조차 어려운 경우에는 그대로 버려졌다. 선유도의 정수장과 마포의 석유비축기지도 이러한 연유로 유기된 땅이 되었다.

쓸모가 열화劣化되고 풍화되어 사라진 땅은 사회로부터 유기된다. 재개발로 이어지지 못할 경우, 폐허가 되어 도심 속 슬럼이 된다.

베케정원 부지에 남아있던 오래된 과일 창고를 헐고 남은 폐허와 잔해를 담벼락과 산책로로 승화했다.

요즘 정원

(2) 도시재생, 열화와 풍화

유기된 땅의 열화를 내버려둘 수는 없다. '재개발'과 '재생'이라는 두 가지 선택지가 있다. 전자는 다시 사회적, 경제적으로 큰 비용을 치러야 하지만, 후자는 비교적 경제적이다. 전자는 땅의 역사를 말끔하게 지우고 새로운 현대적 가치를 이식하는 반면, 후자는 땅의 역사를 계승하며 현대와 과거를 연결하는데 가치를 둔다. 재개발은 '외과적 수술'이고 재생은 '내과적 처방'이다. 무조건 재생이 정답은 아니다. 그러나 안정적으로 점진적인 변화를 이끌 수 있다는 점에서 근래에 주목받은 선택지가 되었다. 그렇게 '도시재생'은 현대 도시의 가장 중요한 과제이자 도구가 되었다.

도시재생의 맹점은 '열화를 풍화로 전환할 수 있는가?'에 있다. '낡아가는 것'의 두 양상인 열화와 풍화는 서로가 상반된다. '열화'는 효율성의 감소, 기능의 소실, 부정적 사건의 발생이다. 그러나 '풍화'는 친숙함의 심화, 경험의 추억화, 향수의 발생을 의미한다. 어떠한 대상이 낡아간다는 것은 열화와 풍화를 동반한다. 오래된 정수장도, 필요성에 의구심이 들기 시작한 석유비축기지도, 시대상이 변화함에 따라 지위를 잃어가고 낡아간다.

이때, 도시재생이라는 내과적 처방은 정수장과 석유비축기지가 가진 고질적 열화를 적출한다. 그리고, 누적된 세월의 풍미를 풍화로 승화시킨다. 풍화는 마모를 동반한다. 마모는 사용하면서 닳게 되는 '쓰임의 말로'이다. 도시재생은 풍화와 마모가 가진 역사적 의미를 발굴하고 미적 특성을 드러낸다. 오래된 미래를 만든다.

포스트인더스트리얼 디자인의 성질을 완성하는 요소는 거대한 산업유적만 해당하는 것이 아니다. 아주 작은 소품으로도 얼마든지 폐허 정원의 특성을 살려낼 수 있다. 위의 사진과 마찬가지로 말이다. 사진 속 장소는 광주 펭귄마을이다. 걸음걸이가 펭귄을 닮은 할아버지가 있었다나. 지금은 볼 수 없는 오래된 라디오와 전화기는 그 자체로 세월감을 드러낸다. 특히, 우리에게 빛나는 추억을 안겨준다. 라디오와 전화기는 폐허 정원의 소품이 됨과 동시에, 시간여행의 매개자가 되어주었다.

요즘 정원

화성시 소다미술관의 정원은 폐목욕탕 건물의 지붕을 헐고 격벽만 남긴 채 미로와 같은 공간으로 구성되었다. 여러 줄기로 자라는 소사나무가 공간의 신비로움을 더한다. 소사나무 특유의 부드러운 가지 곡이 공간을 에워싼다.

(3) 도시침술과 국소정원

도시침술Urban Acupuncture은 도시재생에서 파생된 개념이다. 도시재생과 비교해서 적용 범위가 국소적이다. 내과적 처방인 도시재생은 경구약을 섭취하여 관절의 염증과 붓기를 낮게 한다면, 도시침술은 문제가 되는 부위에 침을 놓아 낮게 한다. 즉, 최소한의 비용과 최소한의 개입으로 최대한의 효과를 볼 수 있다. 효용성에 집중한 도시재생이 바로 도시침술이다.

도시침술과 정원은 관계가 깊다. '한 평 정원'처럼 아주 작은 '국소정원'의 출현과 유행은 도시침술의 이론과 근거에 기반한다. 정원을 조성함으로써 도시의 환경적, 문화적 문제를 해결하고자 하는 방법은 매우 자연주의적이기에, 국소정원은 도시침술의 활용형으로 최근 주목받는다.

전주의 공업단지 한가운데에는 폐공장을 재활용한 미술관이 있다.
바로 팔복예술공장이다. 공장의 골조만 남긴 채, 시민을 위한 다양한 예술
공간으로 재구성했다. 골조를 피복 하는 담쟁이덩굴이 인상적이다.

2) 폐허의 정원화, 포스트인더스트리얼 가든

지금까지 유기된 땅과 유기된 땅의 기능적 경색을 완화하고자 하는 도시재생, 그리고 도시침술에 대해 간략하게 알아보았다. 이제 정원을 활용한 도시재생의 대표적인 설계 방법이자 포스트인더스트리얼 디자인이 적용된 정원인 '포스트인더스트리얼 가든Post Industrial Garden'에 대해 다음과 같은 순서로 알아보자.

(1) 유적이 된 폐허
(2) 폐허를 치유하는 식물
(3) 중첩된 시간이 만드는 폐허의 정원화

폐허를 유적으로 만드는 방법, 그리고 폐허를 치유하는 식물의 자정 능력에 대해 알아보고, 과거와 현재와 미래가 중첩된 포스트인더스트리얼 가든의 특성 덕분에 가능한 '폐허의 정원화'에 대해 소개한다.

요즘 정원

(1) 유적이 된 폐허

폐허는 열화가 풍화를 압도한 것이고 유적은 풍화가 열화를 압도한 것이다. 그리고 도시재생은 폐허를 유적으로 변모시킨다. 작동하지 않는 유기된 폐허는 '산업구조물로서 도시의 발달 과정에서 쓰임을 다한 잊힌 산업 경관'이다. 효율을 추구하는 도시의 경제적 측면에서는 이러한 폐허를 기능적 경색으로 치부한다. 하지만, 지속가능한발전의 측면에서는 도시재생의 대상으로 판단한다. 이때, 폐허의 재생 가능성을 높이는 방법은 열화 요소를 없애고 풍화 요소를 최대한 살려, 폐허가 아닌 유적으로 인식되게끔 하는 것에 있다.

선유도공원의 폐정수장은 본래 1978년부터 2000년까지 서울 서남부 지역에 수돗물을 공급하던 정수장이었다. 음습하고 부식되어 가는 정수장 폐허가 가진 '물'의 공급이라는 특성에 초점을 두고 의미를 생성해 나간 결과, 다양한 연못과 습지를 아우르는 시민공원인 선유도공원으로 변모하였다. 서울에 물을 공급해 오던 소중한 정수장의 말로를 풍화의 요소로 강조하였고 그 결과, 폐허는 서울의 현대 유적이 되었다.

다시 압구정현대백화점의 옥상정원이다. 폐허 정원의 백미는 바로 가을이다. 가을 특유의 청량감과 쓸쓸함이 폐허의 유적과 함께하여 더욱 돋보인다.

요즘 정원

마포문화비축기지의 폐석유비축기지는 본래 1970년 세워져 비밀리에 관리되던 기지로, 2000년까지 석유를 저장했던 기밀 시설이었다. 이후 십여 년간 폐허로 잊혔다가, 2017년 도시재생 정책을 통해 문화공간으로 재탄생하였다. 석유비축기지라는 군사정권의 잔재이자 폐허가 가진 '거대한 탱크 공간'의 활용 가능성에 초점을 두고 의미를 생성해 나간 결과, 복합문화시설로 변모할 수 있었다. 근현대사를 관통하던 석유비축기지의 역사성과 극비 속에 숨겨진 신비한 도심 속 장소라는 특성을 풍화의 요소로 강조하였고 그 결과, 폐허는 서울의 근현대 유적이 될 수 있었다.

시민에게 공개된 마포문화비축기지의 석유 탱크 둘레길 산책로이다. 큰 원형을 이루는 산책로의 위로 쏟아지는 여름 햇살이 아름답다.

이처럼, '유적으로서의 산업 경관'은 인간 문명의 발달을 내포하는 점에서 모종의 숭고미를 체험할 수 있다. 상흔과 잔해로서 산업구조물의 기념비적인 규모와 역동적 힘은 관람자가 압도되는 체험을 가능하게 한다. 유적으로서의 산업 경관이 갖는 이러한 아름다움은 '불길한 아름다움', 혹은 '독성의 미', 또는 '말로에 대한 망향과 향수'로 비유된다.

(2) 폐허를 치유하는 식물

포스트인더스트리얼 가든에서 식물은 다양한 상징을 내포한다. 유적이 된 산업 경관을 피복 하는 야생식물은 그 자체로 경외로운 숭고미를 드러낸다. 이때, 식물은 유적과 '상호 침투'의 관계를 맺는다. 유적은 자연식물으로 침투하며 식물은 유적으로 침투한다. 먼저, 유적이 자연으로 침투하는 것은 산업구조물의 인공적이고 건축적인 강제성이다. 자연을 정복한 문명의 힘이다. 반면, 식물이 유적으로 침투하는 것은 생태계의 자정 능력이며 자연의 회복력이고, 식물 개체의 생존 전략을 의미한다.

유적과 식물의 상호 침투 관계 비교

유적	식물
인공적	자연적
구축적	탈구축적
강제적	능동적
문명	야생
파괴와 교란	회복과 안정
남성성	여성성
공간적	시간적
열화를 초래	풍화를 초래
고정적	탄력적

이렇게 유적과 야생식물은 서로의 영역을 서로 침범한다. 그러나 시간이 흘러 결과적으로 우위를 점하는 것은 식물이다. 문명은 유적이 되어 식물 아래에서 풍화되고 마모된다. 여기서 우리는 포스트인더스트리얼 가든을 통해 '자연 본유의 끊임없는 소생 능력'을 체험할 수 있다.

선유도공원의 지상 수로와 하부 구조가 만든 정원 속 프레임이다.
유민미술관처럼 공간의 액자식 구성이 공간의 심도를 더욱 부각한다. 수로의
기둥을 타고 오르는 담쟁이가 야생식물의 자생력과 자정 능력, 그리고 질긴
생명력을 드러낸다.

(3) 중첩된 시간이 만드는 폐허의 정원화

포스트인더스트리얼 가든은 과거와 현재, 미래가 혼존한다. 정원에서 중첩된 시간을 경험할 수 있다. 먼저, 유적이 된 산업구조물을 통해, 과거에 기능을 수행하던 시점을 추억하고 회상할 수 있다. 그리고 현재의 유적이 되기까지의 시간을 연역할 수 있다. 반면, 식물은 미래를 그린다. 유적의 풍화를 촉진하는 식물을 바라보며, 유적이 교란한 대지가 온전히 정화될 미래를 그려볼 수 있다.

정리하자면, 유적은 과거 산업구조물의 기능 상실 이후 현재까지 누적된 시간의 상흔을 드러내고, 식물은 피복이 시작된 현재를 기점으로 완전한 자정을 이룰 미래를 드러낸다. 감상자는 유적과 식물의 공명이 자아내는 과거와 현재, 미래를 동시에 상상할 수 있다. 특히, 야생식물은 유적의 잔해 위에서, 생태적 천이라는 거대하고 무한한 시간성을 재생한다.

유적과 같은 지상 수로와 공원으로 새롭게 조성된 하부 공간을 연결하는 계단이 과거와 현재를 접합하는 모습을 볼 수 있다.

정원을 읽다

3) 녹색 기둥의 정원이 시사하는 요즘 정원, '재생'

선유도공원이 지닌 포스트인더스트리얼 디자인의 백미는 '녹색 기둥의 정원'에서 드러난다. 주변 지형보다 살짝 내려간 방형의 정원에는 열주가 바둑판처럼 줄지어 있다. 그리고 줄사철과 담쟁이가 열주를 감싸고 올라가서 녹색 기둥의 정원이라고 불린다. 이 기둥은 본래, 정수장의 하부 필로티 구조물이었다. 지하에서 건물을 지탱하던 기둥은 세월이 지나 폐정수장 건물의 철거 및 개복을 거치며 지면 위로 드러났다.

녹색 기둥의 정원을 내려다본다. 토피어리정원을 보는 듯 절묘한 조형성의 반복이 신비롭다. 프랑스의 토피어리와 차이가 있다면, 가위질이 필요 없는 지속가능한 정원이라는 점이다.

오랜 시간 지하에 잠들어 있던 구조물은 본연의 역할을 마치고 이젠 유적으로서 정원의 오브제가 되었다. 거친 골조만 있었다면 다소 스산한 공간이 되었겠지만, 싱그러운 식물이 골조의 부서진 외연을 부드럽게 어루만진다. 마치 상처를 보듬듯이, 갈 길 잃은 아이를 달래듯이. 하지만 식물은 결과적으로 기둥의 풍화를 재촉한다. 거대한 자연 일부로 되돌아가라고 기둥에 속삭인다.

앞서 자연미를 소개할 때 언급했듯이, 도시민이 가진 기존의 자연관은 도시 밖, 먼 곳에 있는 환상적인 자연이다. 그래서 더더욱 도시 내부에서 체험할 수 있는 자연이 중요하다. 도시도 결국 자연의 순환 속에 놓여있음을 지각시켜 주는 것이 바로 포스트인더스트리얼 가든의 역할이다.

우리 삶과 일상에 밀접한 '밀착형 자연'은 도심 속 다양한 폐허에서 시작될 수 있다. 베케를 만든 더가든의 김봉찬 대표는 이러한 포스트인더스트리얼 가든을 '폐허 정원'이라는 우리말 표현으로 옮겼다. 폐허 정원은 파괴된 추악한 대지를 정원이라는 미적 향유의 대상으로 승화한다. 폐허 정원이라는 주제를 마무리하며, 이어지는 두 가지 유형으로 폐허 정원이 갖는 가치와 의의를 정리한다.

(1) 오염, 유기, 교란된 부지의 정체성을 노출함으로써 윤리적 교훈과 미적 체험을 실천

(2) 오염된 부지의 문화적, 자연적 회복 가능성을 제시하고 생태디자인을 적용하여 자정을 시도

물탱크와 정화조가 습지로 변했다.

요즘 정원

(1) 오염, 유기, 교란된 부지의 정체성을 노출함으로써 윤리적 교훈과 미적 체험을 실천

폐허 정원은 과거의 유산을 재조명한다. 부정적 유산이라면 반면교사의 교훈을 전달한다. 그리고 폐허 정원은 산업구조물의 무상한 말로를 보며 폐기와 소비에 대해 숙고해야 함을 역설한다. 이러한 점에서, 폐허 정원은 환경문제를 정원의 분야로 재중심화하는 역할을 수행한다.

폐허 정원은 유기된 땅뿐 아니라, 인간이 오염시킨 부지의 과거 정체성을 드러내는 정원이다. 특히, 인간의 잘못을 드러내는 것을 주저하지 않을 때 그 의의가 깊어진다. 그래서 폐허 정원은 생태적으로, 사회적으로 고발적이며 강한 메시지를 전달한다. 또한, 낯설고 거친 폐허가 드러내는 독특한 독성미와 애틋한 망향에 대한 향수를 동시에 체험하는 복합적인 감정을 선사한다.

수로에는 어리연꽃이 가득하고 담쟁이덩굴이 오래된 수로의 콘크리트 구조물을 에워싼다. 수로 한 켠에는 우드데크 산책로가 마련되었다.

(2) 오염된 부지의 문화적, 자연적 회복 가능성을 제시하고
   생태디자인을 적용하여 자정을 시도

　　폐허 정원은 난지도가 하늘공원이 된 것처럼, 참담하게 오염된 그 어떤 대지라도 결국 정화될 수 있다는 희망을 준다. 결과적으로 도시의 기능적 경색을 해결하고 자연의 자정을 유도한다는 점에서 도시재생과 폐허 정원은 맞닿아 있다. 이러한 폐허 정원은 '생태계의 천이'를 도입하고 '개발과 보존의 범위'에 대해 고민하는 도시재생 방법론이다. 또한, 폐허 정원은 '겹치는 시간 축'을 도입한다. 그래서 유적이라는 과거와 현재, 야생식물의 자정이라는 미래가 혼존하는 정원이 된다.

좋은 정원가는,
폐허 정원을 생각하며,
'어떻게 과거와 오늘이 함께 미래로
나아갈 수 있을까'에 대해 고민한다.
이러한 고민은 결국 지속가능성에
대한 결과로 이어진다.
도심 속 유기된 땅을 재생한 폐허
정원, 포스트인더스트리얼 가든은
옛것과 새것을 마주 보게 하여 새로운
가치를 창조한다.
이때 옛것은 오랜 시간이 흘러
가치가 바랠 수도 있고
다른 관점으로 해석되기도 한다.
그래서,
'옛것(폐허)의 용도를 바꿔가며
과거와 현재를 이어지게끔 하는 것'
이 바로 폐허 정원의 중요한
접근법이 된다.

　　요즘 주목받는 트렌드인 폐허 정원은 미적 독창성 이외에도, 폐허가 간직한 교훈을 존속하며 야생식물과 함께 자정이라는 지속 가능한 미래로 나아감으로써, 현대 도시의 생태적, 자연주의적 발전에 이바지한다.

폐가옥의 변신, 연희동에 있는 카페, '청수당공명'이다. 폐가옥의 실내를 이끼 정원으로 연출한 이 카페는 버려지고 잊힌 폐가옥의 구조물을 그대로 노출한다. 특히, 야생식물이 인공물을 덮어씌우며 자정하는 드라마틱한 순간을 실내에서 연출한 점이 매우 인상적이다

요즘 정원

닫는 글

정원애, 정원에 대한 애착심

좋은 정원이란 '시간과 오감을 동원하여 사람과 자연이 서로 친밀한 사이가 될 수 있도록 독려하는 정원'이자 '사람과 자연이 즐겁게 교감하는 장소'이다. 이러한 정원을 만들기 위해 앞서 이 책의 서두에서 소개했던 이푸 투안Yi-Fu Tuan의 '장소애'와 유사한 개념으로, '정원애'를 제안한다. 정원에 대한 애착심, 정원애는 정원가가 창출해야 한다. 정원의 방문객에게 정원에 대한 애착심을 심어주는 것, 그것이 바로 정원가의 소임이다.

> 좋은 정원가는,
> 땅에 나무를 심음으로써
> 마음에 '정원애'라는 씨앗을 심는다.

다시 가드닝카페 옵스어데지이의 정원이다.
작은 숲 정원 속에서 방문객들이 쉬어 가길
바라는 마음을 담았다.

도심 속 일상을 살아가는 방문객들에게
녹음의 여유를 주고자 했다.

머지않아
숲 정원은
도시민의
케렌시아가
될 것이고,
많은 이들이
정원애를
품게 된다.

생각이 책에 담기기까지

'건축인문학도서'는 많은데 왜 '정원 인문학도서'는 흔치 않을까? 라는 생각에서 출발한 이 책은, 정원이 가진 예술성에 초점을 두고 인문학적으로 정원의 특성과 정원이 지향해야 할 점을 소개했다.

사진이 책에 담기기까지

정원 여행가의 정원기행은 '뜻밖의 발견Serendipity'의 연속이었다. 정원 풍경이 책에 담기기까지 그날의 계절, 그날의 날씨, 그날의 구름과 바람이 우연했고 다양한 정원의 표정을 사진으로 포착할 수 있었다.

정원에 구절초를 심은지 채 하루가 지나지도 않았는데 어디선가 나비가 찾아왔다.
구절초의 향기가 진했나 보다.
암끝검은표범나비는 필자가 만든 정원의 첫 방문객이 되어주었다.

창덕궁 후원으로 가는 길목에 있는 삼삼와 앞 만첩분홍매화가 피어났다.
칠분서 복도의 계단과 난간이 보이고 앞으로는 매화꽃이 돋보인다.
만첩분홍매화는 꽃잎이 겹이라서 다른 매화꽃보다 피는 시기가 늦다.
매화나무는 오래된 이야기를 머금고 변함없이 서 있는 삼삼와를 동경한다.
그리고 삼삼와는 바람을 친구삼아 찬란한 계절을 불러오는 매화나무의
향기로운 힘을 동경한다.

부록
좋은 정원가의
60가지 기준

책의 본문에서 소개된 '좋은 정원가'에
대한 기준을 모아 소개하고자 한다.
엄선된 60가지 기준으로 좋은 정원가가
표상해야 하는 자질과 능력을
정리해 보았다.

1. 좋은 정원가는 '시간과 오감을 동원하여 자연과 사람이 서로 친밀한 사이가 될 수 있도록 독려하는 정원'을 만든다.
: 좋은 정원은 사람을 위한 공간으로써 사람에게 자연의 친근함을 전달한다.

2. 좋은 정원가는 '사람과 자연이 즐겁게 교감하는 장소'를 만든다.
: 좋은 정원은 사람과 자연 사이를 연결하는 소통의 장이 되어준다.

3. 좋은 정원가는 사람의 추억과 애정이 촘촘히 쌓여야만 공간이 비로소 정원이라는 '장소'로 발할 수 있다는 것을 잘 알고 있다.
: 좋은 정원은 누군가의 '장소'가 된다.

4. 좋은 정원가는 공간이 오랜 시간 품어온 내밀한 이야기를 흥미롭게 풀어낸다.
: 좋은 정원은 공간과 시간에 관한 이야기를 담고 있다.

5. 좋은 정원가는 땅에 나무를 심음으로써 마음에 '장소애'라는 씨앗을 심는다.
: 좋은 정원은 정원을 이용하는 사람들로 하여금 장소에 대한 애착심을 불러일으킨다.

6. 좋은 정원가는 나무가 시시각각 들려주는 이야기를 가감 없이 생생하게 전달하고자 노력하며, '나무가 건네는 이야기를 통해 드러나는 장소성'을 만든다.
: 좋은 정원이란 나무의 이야기를 들어볼 수 있는 장소이다.

7. 좋은 정원가는 '시간이 빚어내는 자연의 신비로운 찰나'를 포착하고 연속되는 변화를 경험할 수 있는 정원을 만든다. 특히, 나무가 표현하는 순환과 변화의 아름다움을 경외하며, 호소력 짙게 공간 속에 녹여내고자 한다.
: 좋은 정원은 시간에 의한 풍부한 변화를 포착하고 감상할 수 있다.

8. 좋은 정원가는 '숭고함으로서의 빛'과 '자애로움으로서의 어둠'을 공간에 활용한다.
: 좋은 정원은 나무가 만들어 내는 빛과 어둠을 촉각적으로 전달한다.

9. 좋은 정원가는 시간을 간직한 근장 형태를 아름답게 드러낼 방법을 고민하며, 근장을 활용하여 '세월감의 풍미'를 느낄 수 있는 정원의 장소성을 연출한다.
: 좋은 정원은 나무의 구성요소가 갖는 세월감에 주목할 수 있도록 한다.

10. 좋은 정원가는 숲의 은밀함과 신비함, 그리고 나무의 공동체가 이룩하는 생태계를 표상한다.
: **좋은 정원은 숲을 표상하여 원용하는 자연의 공동체를 보여준다.**

11. 좋은 정원가는 정원에서 '바위'와 '흙'이 어떠한 상징을 내포하는지 이해하고, 다른 구성요소와의 관계에 필연적 개연성을 부여한다.
: **좋은 정원은 가장 기본적인 재료인 바위와 흙이 건네는 이야기를 드러낸다.**

12. 좋은 정원가는 정원에서 '구름'과 '물'이 어떠한 상징을 내포하는지 이해하고, '물과 나무의 인과관계'를 흥미롭고 아름답게 드러낸다.
: **좋은 정원은 정원을 관통하는 구름과 물의 서사를 흥미롭게 드러낸다.**

13. 좋은 정원가는 계속해서 다양한 변화를 시도할 수 있는 정원을 계획하며, 감상자가 '정원에 적극적으로 개입할 기회'를 제공하고자 노력한다. 특히, 정원을 가꾸는 행위의 즐거움을 극대화할 방법을 고민한다.
: **좋은 정원은 감상자의 참여를 유도하며 감상자가 정원 완성의 주요 동인이 된다.**

14. 좋은 정원가는 공간을 '장소'로 만들며 새로운 활기를 불어넣는다. 그리고 대지의 특성을 읽어내리며 '이곳에서만 가능한 정원'을 생각한다.
: **좋은 정원은 고유한 장소성을 간직한다.**

15. 좋은 정원가는 정원의 독립성에만 초점을 두지 않고 전체 경관에 이바지하는 요소로서 다루며 주변환경과 조화롭게 '얼개를 함께하는' 정원을 만든다.
: **좋은 정원은 주변과 맥락을 같이한다.**

16. 좋은 정원가는 정원에 다양한 기능을 부여함으로써 정원의 외연을 확장한다.
: **좋은 정원은 복합적 기능을 수행한다.**

17. 좋은 정원가는 '편의성과 생태성 상호 간의 상보적인 시너지'가 일어날 수 있는 접점을 찾고자 노력한다.
: **좋은 정원은 생태적 역할을 수행한다.**

18. 좋은 정원가는 개별 작품으로서, 정원의 미적 독창성에 초점을 두며 정원에 실존적 특성을 부여하고자 '창조적 디자인'을 적용하기 위해 노력한다.
: **좋은 정원은 예술로서 독보성을 지닌다.**

19. 좋은 정원가는 시간과 계절에 따라 변화무쌍한 정원의 특성을 살려, 이용성과 환경적 측면의 변화에 탄력적으로 대처 가능한 설계를 구상한다. 그리고 주변 맥락과 함께하는 콘텐츠로 소비될 수 있도록 정원 공간 안에 다양한 '프로그램'을 담아낸다.
: 좋은 정원은 관람자 요구에 탄력적으로 대응한다.

20. 좋은 정원가는 가꾸기와 유지관리의 행위를 취미생활의 범주로 종속시키고자, 정원에서 발생하는 '행태'의 유희적 측면에 집중하고 정원이 곧 놀이가 될 수 있도록 고민한다.
: 좋은 정원은 유지관리가 쉽고 즐겁다.

21. 좋은 정원가는 생태적으로 안정된 기반을 조성한 이후에, 시각적으로 아름다운 조형을 시도한다. 즉, 정원디자인과 정원예술도 생태적 사고방식을 바탕으로 쌓아나가야 한다.
: 좋은 정원은 생태디자인의 세 가지 원칙인 '낯선 야생을 친밀하게', '멀고도 긴밀하게', '듣고 만질 수 있게'를 추구한다.

22. 좋은 정원가는 가장 근간이 되는 도구인 공간과 시간을 활용하여 장소와 나무, 물과 흙을 재료로 정원을 디자인한다.
: 좋은 정원은 도구와 재료에 있어 가장 심도 있는 순수성을 표상한다.

23. 좋은 정원가는 목표한 정원의 주제에 맞는 인상을 전달하고 감정이 피어나도록 공간을 조형적으로 계획한다.
: 좋은 정원은 모든 부분과 전체가 섬세한 계획에 따른다.

24. 좋은 정원가는 '비형식'을 활용하여 자연풍경에서 볼 수 있는 편안하고 자유로운 인상을 정원에서 연출한다.
: 좋은 정원은 비형식을 통해 자연을 압축한다.

25. 좋은 정원가는 '비대칭'을 활용하여 지루함을 지양하되, 대비와 강조보다는 편안하고 부드러운 변화를 연출한다.
: 좋은 정원은 비대칭을 활용하여 은은한 변화를 일으킨다.

26. 좋은 정원가는 '대비'를 활용하여, 양극단의 두 개체를 함께 제시함으로써, 두 개체가 내포한 물성에 대한 깊은 이해와 통찰을 가능하게 한다.
: 좋은 정원은 대비를 활용하여 양면성의 미학을 표현한다.

27. 좋은 정원가는 강력한 메시지를 전달하고 명료한 주제 표현을 할 때, '강조'를 활용하여 공간적, 조형적 구심점을 드러낸다.
: 좋은 정원은 강조를 활용하여 주제를 명료하게 전달한다.

28. 좋은 정원가는 '반복'을 활용하여 예측할 수 있는 안정감을 공간에 연출하고 박자감을 입혀 공간의 단위와 기준점을 제시한다.
: 좋은 정원은 반복을 통해 공간 지각적 안정감을 잃지 않는다.

29. 좋은 정원가는 상반되는 개체들에 개연성을 부여하고자 '균형'을 사용한다. 즉, 개체들 저마다의 특성을 유지하되, 모든 것을 포괄하는 주제로 한데 엮을 때, 균형을 활용한다.
: 좋은 정원은 균형을 통해 다양한 표현을 엮어낸다.

30. 좋은 정원가는 지루함과 산만함 사이의 중용적 아름다움을 지키고, 조형적이고 심미적인 필연성을 부여하기 위해 최종적으로 '조화'를 사용한다.
: 좋은 정원은 조화를 활용하여 최종적으로 심미적 마감을 한다.

31. 좋은 정원가는 동일한 개체군을 하나의 큰 요소로 묶어, 산만함을 완화하기 위해, 적정 범위만 '통일'을 적용한다.
: 좋은 정원은 통일을 활용하여 요소들을 묶거나 단순화한다.

32. 좋은 정원가는 '대칭'을 통해 광활한 공간을 친숙하고 안정감 있는 공간으로 분할하며, 축을 활용하여 주제의 전달력을 높인다.
: 좋은 정원은 대칭을 활용하여 안정된 공간을 연출한다.

33. 좋은 정원가는 공간 속에 '율동'을 만들어 내는 것을 가장 즐겨 한다. 비형식의 자연 속에서 특정한 반복들을 포착하여 아름답게 조율하고 율동으로 승화한다.
: 좋은 정원은 율동을 활용하여 음악적 운율을 공간에 입힌다.

34. 좋은 정원가는 '동세'를 통해 공간을 서술하고 시각적 정보를 제공하고자 노력한다.
: 좋은 정원은 동세를 활용하여 공간의 강약과 흐름을 연출한다.

35. 좋은 정원가는 시간의 성질을 이용하고, 자신이 공간으로 구축한 계획이 시간과 어떠한 상호작용을 맺을지 이해한다.
: 좋은 정원은 시간이 갖은 흐름과 변화를 드러내는 것에 있어 주저함이 없다.

36. 좋은 정원가는 탈구축적인 변화를 일으키는데 두려움이 없다. 그리고 시간을 도구 삼아 유기적으로 변화하는 정원을 만든다.
: 좋은 정원은 시간을 능동적으로 활용하여 식물의 변화를 보여준다.

37. 좋은 정원가는 경험의 누적으로 추억을 만들 수 있어야 하고, 추억이 퇴적되어 향수로 승화될 수 있는 장소에 대해 고민한다.
: 좋은 정원은 누군가에게 추억이 되는 공간이며 향수로 남는 공간이 된다.

38. 좋은 정원가는 추억과 현재를 토대로, 미래의 전망을 제시할 수 있는 정원을 만들고자 노력한다.
: 좋은 정원은 관람자의 생애에 걸쳐 다양한 추억이 되어주고 새로운 전망을 제시한다.

39. 좋은 정원가는 시간의 흐름을 가시화하고 시간의 궤적을 기록한다.
: 좋은 정원은 시간의 흐름에 따른 장소의 변화를 미적으로 드러낸다.

40. 좋은 정원가는 사람의 몸으로 파악되는 현상학적이고 경험적인 시간을 이해한다.
: 좋은 정원은 현상학적 관점에서의 시간을 통한 경험을 제공한다.

41. 좋은 정원가는 시간을 도구로 정원을 구상한다.
: 좋은 정원은 시간과 공간의 버무림으로 완성된다.

42. 좋은 정원가는 '삶 밖의 자연'이 일으키는 태고의 낯선 경외심을 이용하여, 작고 협소한 정원에 거대한 자연의 경관을 담는다. 그리고 자연에 대한 숭고미를 불러일으킨다.
: 좋은 정원은 삶 밖의 신비한 자연을 경외롭게 품어낸다.

43. 좋은 정원가는 '삶 속 자연'의 역할을 깊이 이해한다. 사람들을 위로하고 치유하는, 그들의 마음이 편히 쉴 수 있는 공간을 만들고자 노력한다.
: 좋은 정원은 삶 속의 익숙한 자연을 친밀하게 품어낸다.

44. 좋은 정원가가 탐하는 미학에는 자연이 건네는 교훈과 자연·인간의 화합이 담겨있다.
: 좋은 정원은 자연의 교훈을 전달하며 인간도 자연 일부임을 속삭인다.

45. 좋은 정원가는 관람자가 자연에 감정을 이입하여 자연과 쉽게 동화할 수 있도록, '의인법'과 '활유법'을 활용한다.
: 좋은 정원은 의인법과 활유법을 활용하여 자연을 생동감 있게 전달한다.

46. 좋은 정원가는 은유의 귀재이다. 표상하는 자연경관의 특성을 누구보다 잘 알고 단순화에 능하다. 구성요소들을 하나하나 분리해서 파악하는 관찰력이 풍부하다.
: 좋은 정원은 모든 부분이 은유로 구성되어 있다고 해도 과언이 아니다.

47. 좋은 정원가는 '의성법'과 '의태법'을 활용하여 생생하고 동적인 자연을 연출한다.
: 좋은 정원은 의성법과 의태법을 활용하여 자연의 소리를 표현한다.

48. 좋은 정원가는 '대유법'을 활용하여 정원을 구성하는 다양한 요소에 저마다의 의미를 부여한다. 그리고 관람자가 구석구석 숨겨진 의미들을 발견하고 추론하는 즐거움을 누릴 수 있게끔 유도한다.
: 좋은 정원은 대유법이 적용된 오브제가 전시된 화랑과 같다.

49. 좋은 정원가는 삽으로 나무를 심고 '대유법'으로 의미를 심는다.
: 좋은 정원은 모든 요소에 의미가 숨어있으며 그 뜻을 대유법적 접근을 통해 관람자가 즐겁게 풀어낼 수 있다.

50. 좋은 정원가는 관람자가 정원에서 저마다의 경험과 추억을 빗대보고 저마다의 의미를 얻어갈 수 있도록 정원을 연출한다.
: 좋은 정원이 내포한 의미는 모두 정답이 없다. 관람자의 기분에 따라 다양한 의미를 전달한다.

51. 좋은 정원가는 정원에서의 물이 지니는 풍부한 감수성을 드러낸다. 물을 빛과 촉감, 소리와 향기로 활용하는 것이다.
: 좋은 정원은 정원을 구성하는 무형의 요소인 물을 가장 다채롭게 활용한다.

52. 좋은 정원가는 물이 지닌 겸손함과 자애로움을 드러내어 편안한 분위기를 조성하거나 물이 자아내는 경쾌함과 청량감을 드러내어 활기찬 분위기를 조성한다.
: 좋은 정원은 물을 활용하여 공간의 분위기를 창출한다.

53. 좋은 정원가는 장자의 '소요유'를 본받아 사람들에게 치유와 안식의 장소를 제공한다.
: **좋은 정원은 멀리 떠나 한가로이 노닌다는 소요유의 개념을 공간에 구체화한다.**

54. 좋은 정원가는 '현대 건축이 걸어가는 길'을 견지하는 것을 중요하게 생각한다.
: **좋은 정원은 현대 건축이 그러하듯이 철학적 사유를 공간에 담아낸다.**

55. 좋은 정원가는 '리좀 구조'가 표상하는 해체적이고 유기적인 자유분방함을 정원에 담고자 노력한다.
: **좋은 정원은 포스트모던을 개창한 들뢰즈의 리좀구조에 빗대어 이해할 수 있다.**

56. 좋은 정원가는 데리다의 '차연' 개념이 표상하는 공간의 시간되기, 시간의 공간되기를 이해하며 관계 맺기의 중요성을 시공간적 틈에서 찾고자 노력한다.
: **좋은 정원은 시간에 의한 차이와 의미의 생성을 뜻하는 차연 개념을 활용하여 공간의 시적인 변화를 드러낸다.**

57. 좋은 정원가는 문학과 철학, 미술과 음악을 포괄하여 매우 다양한 영역과 통섭을 이루고자 노력한다.
: **좋은 정원은 다양한 분야를 아우르는 종합 예술의 지위를 가진다.**

58. 좋은 정원가는 '정원 밖에서' 정원을 생각하고 바라본다.
: **좋은 정원은 창조적 정원으로서 언제나 정원 바깥의 다양한 영감을 활용하는 동시에 다양한 분야에 영감을 준다.**

59. 좋은 정원가는 폐허 정원을 생각하며, 과거와 오늘이 어떻게 함께 미래로 나아갈 수 있을까에 대해 고민한다.
: **좋은 정원은 버려진 공간을 재활용하며 가치를 잃고 바랜 옛것의 의미를 되찾고 미래를 향한 공간이 될 수 있도록 공간을 새롭게 재생한다.**

60. 좋은 정원가는 정원에 대한 애착심, '정원애'를 만들어낸다. 땅에 나무를 심음으로써 마음에 '정원애'라는 씨앗을 심는다.
: **좋은 정원은 관람자에게 정원에 대한 애착심을 들게 한다.**

참고문헌 정리

	참고 도서 (단행본)
1	박상진, 『궁궐의 우리나무』, 눌와, 2001
2	김훈, 『자전거여행 1』, 문학동네, 2014
3	이푸투안, 『공간과 장소』, 윤영호 편역, 도서출판 사이, 2020
4	양해림 외, 『니체의 미학과 예술철학』, 북코리아, 2017
5	장용순, 『현대건축의 철학적 모험 2』, 미메시스, 2013
6	이광래, 『미술철학사 3: 해체와 종말』, 미메시스, 2016
7	이광래, 『미술과 문학의 파타피지컬리즘』, 미메시스, 2017
8	김봉찬 외 2명, 『베케』, 목수책방, 2021
9	로버트 포그 해리슨, 『정원을 말하다』, 조경진 편역, 나무도시, 2012
10	케이트콜린스, 『정원의 철학자』, 이현 편역, 다산초당, 2023
11	앤드류 발렌타인, 『Thinkers for Architects 1 : 들뢰즈와 가타리』, 장정제 편역, 시공문화사, 2010
12	이푸투안, 『토포필리아』, 이옥진 편역, 에코리브르, 2011
13	강판권, 『숲과 상상력』, 문학동네, 2018
14	김장훈, 『겨울 정원』, 가지, 2017
15	김광현, 『시간의 기술』, 안그라픽스, 2018

	참고 논문
1	이명준 외, 숭고의 개념에 기초한 포스트 인더스트리얼 공원의 미학적 해석, (한국조경학회지, Vol. 40, 2012)